BIBLIOTHÈQUE NATIONALE

LAMENNAIS

Paroles d'un Croyant

PARIS
Librairie de la BIBLIOTHÈQUE NATIONALE
L. PFLUGER, Éditeur
Passage Montesquieu, 5, rue Montesquieu
PRÈS LE PALAIS-ROYAL

Le Volume broché, **25** c.   Franco partout, **35** c.
CHEZ TOUS LES LIBRAIRES
Et dans les Gares de Chemins de Fer

BIBLIOTHÈQUE NATIONALE

COLLECTION DES MEILLEURS AUTEURS ANCIENS ET MODERNES

PAROLES

D'UN CROYANT

PAR

LAMENNAIS

PARIS

LIBRAIRIE DE LA BIBLIOTHÈQUE NATIONALE

PASSAGE MONTESQUIEU (RUE MONTESQUIEU

Près le Palais-Royal

1897

AU PEUPLE

Cé livre a été fait principalement pour vous; c'est à vous que je l'offre. Puisse-t-il, au milieu de tant de maux qui sont votre partage, de tant de douleurs qui vous affaissent sans presque aucun repos, vous ranimer et vous consoler un peu!

Vous qui portez le poids du jour, je voudrais qu'il pût être à votre pauvre âme fatiguée ce qu'est, sur le midi, au coin d'un champ, l'ombre d'un arbre, si chétif qu'il soit, à celui qui a travaillé tout le matin sous les ardents rayons du soleil.

Vous vivez en des temps mauvais, mais ces temps passeront.

Après les rigueurs de l'hiver, la Providence ramène une saison moins rude, et le petit oiseau bénit dans ses chants la main bienfaisante qui lui a rendu et la chaleur et l'abondance, et sa compagne et son doux nid.

Espérez et aimez. L'espérance adoucit tout, et l'amour rend tout facile.

Il y a en ce moment des hommes qui souffrent beaucoup parce qu'ils vous ont aimés beaucoup. Moi, leur frère, j'ai écrit le récit de ce qu'ils ont fait pour vous et de ce qu'on a fait contre eux à cause de cela ; et lorsque la violence se sera usée d'elle-même, je le publierai, et vous le lirez avec des pleurs alors moins amers, et vous aimerez aussi ces hommes qui vous ont tant aimés.

A présent, si je vous parlais de leur amour et de leurs souffrances, on me jetterait avec eux dans les cachots.

J'y descendrais avec une grande joie si votre misère en pouvait être un peu allégée ; mais vous n'en retireriez aucun soulagement, et c'est pourquoi il faut attendre et prier Dieu qu'il abrége l'épreuve.

Maintenant, ce sont les hommes qui jugent et qui frappent : bientôt ce sera lui qui jugera. Heureux qui verra sa justice !

Je suis vieux : écoutez les paroles d'un vieillard.

La terre est triste et desséchée, mais elle reverdira. L'haleine du méchant ne passera pas éternellement sur elle comme un souffle qui brûle.

Ce qui se fait, la Providence veut que cela se fasse pour votre instruction, afin que vous appreniez à être bons et justes quand votre heure viendra.

Lorsque ceux qui abusent de la puissance auront passé devant vous comme la boue des ruisseaux en un jour d'orage, alors vous comprendrez que le bien seul est durable, et vous

craindrez de souiller l'air que le vent du ciel
aura purifié.

Préparez vos âmes pour ce temps, car il
n'est pas loin, il approche.

Le Christ, mis en croix pour vous, a promis de vous délivrer.

Croyez-en sa promesse, et, pour en hâter
l'accomplissement, réformez ce qui a besoin
de réforme, exercez-vous à toutes les vertus,
et aimez-vous les uns les autres comme le
Sauveur de la race humaine vous a aimés, jusqu'à la mort.

PAROLES

D'UN CROYANT [1]

I

Au nom du Père, et du Fils, et du Saint-Esprit. Amen.

Gloire à Dieu dans les hauteurs des cieux, et paix sur la terre aux hommes de bonne volonté.

Que celui qui a des oreilles entende ; que celui qui a des yeux les ouvre et regarde, car les temps approchent.

(1) Nous n'avons pas cru devoir conserver certaines formes orthographiques familières à l'illustre auteur des *Paroles d'un croyant* ; nous sommes d'avis, avec Molière, que, lorsqu'on se propose de prendre modèle sur un grand homme,

C'est par les beaux côtés qu'il lui faut ressembler.

Il y aurait, selon nous, puérilité à perpétuer des formes surannées, qui n'ajoutent pas un iota à nos gloires littéraires. (*Note des éditeurs.*)

Le Père a engendré son Fils, sa parole, son Verbe, et le Verbe s'est fait chair, et il a habité parmi nous; et il est venu dans le monde, et le monde ne l'a pas connu.

Le Fils a promis d'envoyer l'Esprit consolateur, l'Esprit qui procède du Père et de lui, et qui est leur amour mutuel : il viendra et renouvellera la face de la terre, et ce sera comme une seconde création.

Il y a dix-huit siècles, le Verbe répandit la semence divine, et l'Esprit saint la féconda. Des hommes l'ont vue fleurir, ils ont goûté de ses fruits, des fruits de l'arbre de vie replanté dans leur pauvre demeure.

Je vous le dis, ce fut parmi eux une grande joie quand ils virent paraître la lumière, et se sentirent tout pénétrés d'un feu céleste.

A présent, la terre est redevenue ténébreuse et froide.

Nos pères ont vu le soleil décliner. Quand il descendit sous l'horizon, toute la race humaine tressaillit. Puis il y eut dans cette nuit je ne sais quoi qui n'a pas de nom. Enfants de la nuit, le Couchant est noir, mais l'Orient commence à blanchir.

II

Prêtez l'oreille, et dites-moi d'où vient ce bruit confus, vague, étrange, que l'on entend de tous côtés.

Posez la main sur la terre, et dites-moi pourquoi elle a tressailli.

Quelque chose que nous ne savons pas se remue dans le monde : il y a là un travail de Dieu.

Est-ce que chacun n'est pas dans l'attente? Est-ce qu'il y a un cœur qui ne batte pas?

Fils de l'homme, monte sur les hauteurs, et annonce ce que tu vois.

Je vois à l'horizon un nuage livide, et autour une lueur rouge comme le reflet d'un incendie.

Fils de l'homme, que vois-tu encore?

Je vois la mer soulever ses flots, et les montagnes agiter leurs cimes.

Je vois les fleuves changer leurs cours, les collines chanceler, et en tombant combler les vallées.

Tout s'ébranle, tout se meut, tout prend un nouvel aspect.

Fils de l'homme, que vois-tu encore ?

Je vois des tourbillons de poussière dans le lointain, et ils vont en tous sens, et se choquent, et se mêlent et se confondent. Ils passent sur les cités, et quand ils ont passé, on ne voit plus que la plaine.

Je vois les peuples se lever en tumulte et les rois pâlir sous leur diadème. La guerre est entre eux, une guerre à mort.

Je vois un trône, deux trônes brisés, et les peuples en dispersent les débris sur la terre.

Je vois un peuple combattre comme l'archange Michel combattait contre Satan. Ses coups sont terribles, mais il est nu, et son ennemi est couvert d'une épaisse armure.

O Dieu ! il tombe ; il est frappé à mort. Non, il n'est que blessé ; Marie, la Vierge-Mère, l'enveloppe de son manteau, lui sourit, et l'emporte pour un peu de temps hors de combat.

Je vois un autre peuple lutter sans relâche, et puiser de moment en moment des forces nouvelles dans cette lutte. Ce peuple a le signe du Christ sur le cœur?

Je vois un troisième peuple sur lequel six rois ont mis le pied, et toutes les fois qu'il fait un mouvement, six poignards s'enfoncent dans sa gorge.

Je vois sur un vaste édifice, à une grande hauteur dans les airs, une croix que je distingue à peine, parce qu'elle est couverte d'un voile noir.

Fils de l'homme, que vois-tu encore?

Je vois l'Orient qui se trouble en lui-même. Il regarde ses antiques palais crouler, ses vieux temples tomber en poudre, et il lève les yeux comme pour chercher d'autres grandeurs et un autre Dieu.

Je vois vers l'Occident une femme à l'œil fier, au front serein; elle trace d'une main ferme un léger sillon, et partout où le soc passe, je vois se lever des générations humaines qui l'invoquent dans leurs prières et la bénissent dans leurs chants.

Je vois au Septentrion des hommes qui n'ont plus qu'un reste de chaleur concentrée dans leur tête, et qui l'enivre; mais le Christ les touche de sa croix, et le cœur commence à battre.

Je vois au Midi des races affaissées sous je ne sais quelle malédiction : un joug pesant les accable, elles marchent courbées ; mais le Christ les touche de sa croix, et elles se redressent.

Fils de l'homme, que vois-tu encore?
Il ne répond point ; crions de nouveau :
Fils de l'homme, que vois-tu ?
Je vois Satan qui fuit, et le Christ entouré
de ses anges, qui vient pour régner.

III

Et je fus transporté en esprit dans les
temps anciens, et la terre était belle, et riche, et féconde ; et ses habitants vivaient
heureux, parce qu'ils vivaient en frères.

Et je vis le Serpent qui se glissait au milieu d'eux : il fixa sur plusieurs son regard
puissant, et leur âme se troubla, et ils s'ap-
prochèrent, et le Serpent leur parla à l'o-
reille.

Et après avoir écouté la parole du Serpent, ils se levèrent et dirent : « Nous sommes rois. »

Et le soleil pâlit, et la terre prit une teinte
funèbre, comme celle du linceul qui enveloppe les morts.

Et l'on entendit un sourd murmure, une
longue plainte, et chacun trembla dans son
âme.

En vérité, je vous le dis, ce fut comme au jour où l'abîme rompit ses digues; et où déborda le déluge des grandes eaux.

La Peur s'en alla de cabane en cabane. car il n'y avait point encore de palais, et elle dit à chacun des choses secrètes qui le firent frissonner.

Et ceux qui avaient dit : « Nous sommes rois, » prirent un glaive, et suivirent la Peur de cabane en cabane.

Et il se passa là des mystères étranges ; et il y eut des chaînes, des pleurs et du sang.

Les hommes effrayés s'écrièrent : « Le meurtre a reparu dans le monde. » Et ce fut tout, parce que la Peur avait transi leur âme et ôté le mouvement à leurs bras.

Et ils se laissèrent charger de fers, eux et leurs femmes et leurs enfants. Et ceux qui avaient dit : « Nous sommes rois, » creusèrent comme une grande caverne, et ils y enfermèrent toute la race humaine, ainsi qu'on enferme des animaux dans une étable.

Et la tempête chassait les nuages, et le tonnerre grondait, et j'entendis une voix qui disait ; « Le Serpent a vaincu une seconde fois, mais pas pour toujours. »

Après cela, je n'entendis plus que des

voix confuses, des rires, des sanglots, des blasphèmes.

Et je compris qu'il devait y avoir un règne de Satan avant le règne de Dieu. Et je pleurai et j'espérai.

Et la vision que je vis était vraie, car le règne de Satan s'est accompli, et le règne de Dieu s'accomplira aussi ; et ceux qui ont dit : « Nous sommes rois, » seront à leur tour renfermés dans la caverne avec le Serpent, et la race humaine en sortira ; et ce sera pour elle comme une autre naissance, comme le passage de la mort à la vie. Ainsi soit-il.

IV

Vous êtes fils d'un même père, et la même mère vous a allaités ; pourquoi donc ne vous aimez-vous pas les uns les autres comme des frères ? et pourquoi vous traitez-vous bien plutôt en ennemis ?

Celui qui n'aime pas son frère est maudit sept fois, et celui qui se fait l'ennemi de son frère est maudit septante fois sept fois.

C'est pourquoi les rois et les princes, et tous ceux que le monde appelle grands ont été maudits : ils n'ont point aimé leurs frères, et ils les ont traités en ennemis.

Aimez-vous les uns les autres, et vous ne craindrez ni les grands, ni les princes, ni les rois.

Ils ne sont forts contre vous que parce que vous n'êtes point unis, que parce que vous ne vous aimez point comme des frères les uns les autres.

Ne dites point : « Celui-là est d'un peuple, et moi je suis d'un autre peuple. » Car tous les peuples ont eu sur la terre le même père, qui est Adam, et ont dans le ciel le même père, qui est Dieu.

Si l'on frappe un membre, tout le corps souffre. Vous êtes tous un même corps : on ne peut opprimer l'un de vous, que tous ne soient opprimés.

Si un loup se jette sur un troupeau, il ne le dévore pas tout entier sur-le-champ : il saisit un mouton et le mange. Puis, sa faim étant revenue, il en saisit un autre et le mange, et ainsi jusqu'au dernier, car sa faim revient toujours.

Ne soyez pas comme les moutons, qui, lorsque le loup a enlevé l'un d'eux, s'effrayent un moment et puis se remettent à paître. Car, pensent-ils, peut-être se con-

tentera-t-il d'une première ou d'une seconde
proie : et qu'ai-je affaire de m'inquiéter de
ceux qu'il dévore? qu'est-ce que cela me
fait, à moi? il ne me restera que plus d'herbe.

En vérité, je vous le dis : Ceux qui pensent ainsi en eux-mêmes sont marqués pour
être la pâture de la bête qui vit de la chair
et de sang.

V

Quand vous voyez un homme conduit en
prison ou au supplice, ne vous pressez pas
de dire : « Celui-là est un homme méchant,
qui a commis un crime contre les hommes. »

Car peut-être est-ce un homme de bien
qui a voulu servir les hommes, et qui en
est puni par leurs oppresseurs.

Quand vous voyez un peuple chargé de
fers et livré au bourreau, ne vous pressez
pas de dire : « Ce peuple est un peuple vio-
lent, qui voulait troubler la paix de la terre. »

Car peut-être est-ce un peuple martyr,
qui meurt pour le salut du genre humain.

Il y a dix-huit siècles, dans une ville
d'Orient, les pontifes et les rois de ce temps-
là clouèrent sur une croix, après l'avoir

battu de verges, un séditieux, un blasphé-
mateur, comme ils l'appelaient.

Le jour de sa mort, il y eut une grande
terreur dans l'enfer et une grande joie dans
le ciel,

Car le sang du juste avait sauvé le monde.

VI

Pourquoi les animaux trouvent-ils leur
nourriture, chacun suivant son espèce?
C'est que nul parmi eux ne dérobe celle
d'autrui, et que chacun se contente de ce
qui suffit à ses besoins.

Si, dans une ruche, une abeille disait :
Tout le miel qui est ici est à moi, et que là-
dessus elle se mît à disposer comme elle
l'entendrait des fruits du travail commun,
que deviendraient les autres abeilles?

La terre est comme une grande ruche, et
les hommes sont comme des abeilles?

Chaque abeille a droit à la portion de
miel nécessaire à sa subsistance, et si,
parmi les hommes, il en est qui manquent
de ce nécessaire, c'est que la justice et la
charité ont disparu d'au milieu d'eux.

La justice, c'est la vie : et la charité,

c'est encore la vie, et une plus douce et plus abondante vie.

Il s'est rencontré de faux prophètes qui ont persuadé à quelques hommes que tous les autres étaient nés pour eux ; et ce que ceux-ci ont cru, les autres l'ont cru aussi sur la parole des faux prophètes.

Lorsque cette parole de mensonge prévalut, les anges pleurèrent dans le ciel, car ils prévirent que beaucoup de violences et beaucoup de crimes, et beaucoup de maux allaient déborder sur la terre.

Les hommes, égaux entre eux, sont nés pour Dieu seul, et quiconque dit une chose contraire dit un blasphème.

Que celui qui veut être le plus grand parmi vous soit votre serviteur : et que celui qui veut être le premier parmi vous soit le serviteur de tous.

La loi de Dieu est une loi d'amour, et l'amour ne s'élève point au-dessus des autres, mais il se sacrifie aux autres.

Celui qui dit dans son cœur : Je ne suis pas comme les autres hommes, mais les autres hommes m'ont été donnés pour que je leur commande, et que je dispose d'eux et de ce qui est à eux à ma fantaisie : celui-là est le fils de Satan.

Et Satan est le roi de ce monde, car il est le roi de tous ceux qui pensent et agissent ainsi ; et ceux qui pensent et agissent ainsi se sont rendus, par ses conseils, les maîtres du monde.

Mais leur empire n'aura qu'un temps, et nous touchons à la fin de ce temps.

Un grand combat sera livré, et l'ange de la justice et l'ange de l'amour combattront avec ceux qui se seront armés pour rétablir parmi les hommes le règne de la justice et le règne de l'amour.

Et beaucoup mourront dans ce combat, et leur nom restera sur la terre comme un rayon de la gloire de Dieu.

C'est pourquoi, vous qui souffrez, prenez courage, fortifiez votre cœur : car demain sera le jour de l'épreuve, le jour où chacun devra donner avec joie sa vie pour ses frères : et celui qui suivra sera le jour de la délivrance.

VII

Lorsqu'un arbre est seul, il est battu des vents et dépouillé de ses feuilles ; et ses branches, au lieu de s'élever, s'abaissent comme si elles cherchaient la terre.

Lorsqu'une plante est seule, ne trouvant point d'abri contre l'ardeur du soleil, elle languit et se dessèche, et meurt.

Lorsque l'homme est seul, le vent de la puissance le courbe vers la terre, et l'ardeur de la convoitise des grands de ce monde absorbe la séve qui le nourrit.

Ne soyez donc point comme la plante et comme l'arbre qui sont seuls : mais unissez-vous les uns aux autres, et appuyez-vous, et abritez-vous mutuellement.

Tandis que vous serez désunis, et que chacun ne songera qu'à soi, vous n'avez rien à espérer, que souffrance, et malheur, et oppression.

Qu'y a-t-il de plus faible que le passereau, et de plus désarmé que l'hirondelle ? Cependant quand paraît l'oiseau de proie, les hirondelles et les passereaux parviennent à le chasser, en se rassemblant autour de lui, et le poursuivant tous ensemble.

Prenez exemple sur le passereau et sur l'hirondelle.

Celui qui se sépare de ses frères, la crainte le suit quand il marche, s'assied près de lui quand il repose, et ne le quitte pas même durant son sommeil.

Donc, si l'on vous demande : « Combien

êtes-vous? » répondez : « Nous sommes un, car nos frères, c'est nous, et nous, c'est nos frères. »

Dieu n'a fait ni petits ni grands, ni maîtres ni esclaves, ni rois ni sujets : il a fait tous les hommes égaux.

Mais, entre les hommes, quelques-uns ont plus de force ou de corps, ou d'esprit, ou de volonté, et ce sont ceux-là qui cherchent à s'assujettir les autres, lorsque l'orgueil ou la convoitise étouffent en eux l'amour de leurs frères.

Et Dieu savait qu'il en serait ainsi, et c'est pourquoi il a commandé aux hommes de s'aimer, afin qu'ils fussent unis, et que les faibles ne tombassent point sous l'oppression des forts.

Car celui qui est plus fort qu'un seul sera moins fort que deux, et celui qui est plus fort que deux sera moins fort que quatre; et ainsi les faibles ne craindront rien lorsque, s'aimant les uns les autres, ils seront unis véritablement.

Un homme voyageait dans la montagne, et il arriva en un lieu où un gros rocher, ayant roulé sur le chemin, le remplissait tout entier, et hors du chemin il n'y avait point d'autre issue, ni à gauche, ni à droite.

Or, cet homme voyant qu'il ne pouvait continuer son voyage à cause du rocher, essaya de le mouvoir pour se faire un passage, et il se fatigua beaucoup à ce travail, et tous ses efforts furent vains.

Ce que voyant, il s'assit plein de tristesse et dit : « Que sera-ce de moi lorsque la nuit viendra et me surprendra dans cette solitude, sans nourriture, sans abri, sans aucune défense, à l'heure où les bêtes féroces sortent pour chercher leur proie ? »

Et comme il était absorbé dans cette pensée, un autre voyageur survint, et celui-ci, ayant fait ce qu'avait fait le premier et s'étant trouvé aussi impuissant à remuer le rocher, s'assit en silence et baissa la tête.

Et après celui-ci, il en vint plusieurs autres, et aucun ne put mouvoir le rocher, et leur crainte à tous était grande.

Enfin l'un d'eux dit aux autres : « Mes frères, prions notre Père qui est dans les cieux : peut-être qu'il aura pitié de nous dans cette détresse. »

Et cette parole fut écoutée, et ils prièrent de cœur le Père qui est dans les cieux.

Et quand ils eurent prié, celui qui avait dit : « Prions, » dit encore : « Mes frères, ce qu'aucun de nous n'a pu faire seul, qui sait si nous ne le ferons pas tous ensemble ? »

Et ils se levèrent, et tous ensemble ils poussèrent le rocher et le rocher céda, et ils poursuivirent leur route en paix.

Le voyageur c'est l'homme, le voyage c'est la vie, le rocher, ce sont les misères qu'il rencontre à chaque pas sur sa route.

Aucun homme ne saurait soulever seul ce rocher, mais Dieu en a mesuré le poids de manière qu'il n'arrête jamais ceux qui voyagent ensemble.

VIII

Au commencement, le travail n'était pas nécessaire à l'homme pour vivre : la terre fournissait d'elle-même à tous ses besoins.

Mais l'homme fit le mal; et comme il s'était révolté contre Dieu, la terre se révolta contre lui.

Il lui arriva ce qui arrive à l'enfant qui se révolte contre son père ; le père lui retire son amour, et il l'abandonne à lui-même ; et les serviteurs de la maison refusent de le servir, et il s'en va cherchant çà et là sa pauvre vie et mangeant le pain qu'il a gagné à la sueur de son visage.

Depuis lors donc, Dieu a condamné tous

les hommes au travail, et tous ont leur labeur, soit du corps, soit de l'esprit ; et ceux qui disent : « Je ne travaillerai point, » sont les plus misérables.

Car comme les vers dévorent un cadavre, les vices les dévorent, et si ce ne sont les vices, c'est l'ennui.

Et quand Dieu voulut que l'homme travaillât, il cacha un trésor dans le travail, parce qu'il est père, et que l'amour d'un père ne meurt point.

Et celui qui fait un bon usage de ce trésor, et qui ne le dissipe point en insensé, il vient pour lui un temps de repos, et alors il est comme les hommes étaient au commencement.

Et Dieu leur donna encore ce précepte : « Aidez-vous les uns les autres, car il y en a parmi vous de plus forts et de plus faibles, d'infirmes et de bien portants ; et cependant tous doivent vivre.

» Et si vous faites ainsi, tous vivront, parce que je récompenserai la pitié que vous aurez eue pour vos frères, et je rendrai votre sueur féconde. »

Et ce que Dieu a promis s'est vérifié toujours, et jamais on n'a vu celui qui aide ses frères manquer de pain.

Or, il y eut autrefois un homme méchant et maudit du Ciel. Et cet homme était fort, et il haïssait le travail ; de sorte qu'il se dit : « Comment ferai-je ? Si je ne travaille point, je mourrai, et le travail m'est insupportable. »

Alors il lui entra une pensée de l'enfer dans le cœur. Il s'en alla de nuit, et saisit quelques-uns de ses frères pendant qu'ils dormaient, et les chargea de chaînes.

« Car, disait-il, je les forcerai, avec les verges et le fouet, à travailler pour moi, et je mangerai le fruit de leur travail. »

Et il fit ce qu'il avait pensé, et d'autres, voyant cela, en firent autant, et il n'y eut plus de frères, il y eut des maîtres et des esclaves.

Ce fut un jour de deuil sur toute la terre.

Longtemps après, il y eut un autre homme plus méchant que le premier et plus maudit du Ciel.

Voyant que les hommes s'étaient partout multipliés, et que leur multitude était innombrable, il se dit :

« Je pourrais bien peut-être en enchaîner quelques-uns et les forcer à travailler pour moi ; mais il les faudrait nourrir, et cela diminuerait mon gain. Faisons mieux ; qu'ils

travaillent pour rien ! ils mourront, à la vérité, mais comme leur nombre est grand,
j'amasserai des richesses avant qu'ils aient
diminué beaucoup, et il en restera toujours
assez. »

Or toute cette multitude vivait de ce
qu'elle recevait en échange de son travail.

Ayant donc parlé de la sorte, il s'adressa
en particulier à quelques-uns, et il leur dit :
« Vous travaillez pendant six heures, et l'on
vous donne une pièce de monnaie pour
votre travail.

» Travaillez pendant douze heures, et vous
gagnerez deux pièces de monnaie, et vous
vivrez bien mieux, vous, vos femmes et vos
enfants. »

Et ils le crurent.

Il leur dit ensuite : « Vous ne travaillez
que la moitié des jours de l'année : travaillez
tous les jours de l'année, et votre gain sera
double. »

Et ils le crurent encore.

Or il arriva de là que la quantité de travail étant devenue plus grande de moitié,
sans que le besoin de travail fût plus grand,
la moitié de ceux qui vivaient auparavant
de leur labeur ne trouvèrent plus personne
qui les employât.

Alors l'homme méchant, qu'ils avaient cru, leur dit : « Je vous donnerai du travail à tous, à la condition que vous travaillerez le même temps, et que je ne vous payerai que la moitié de ce que je vous payais ; car je veux bien vous rendre service, mais je ne veux pas me ruiner. »

Et comme ils avaient faim, eux, leurs femmes et leurs enfants, ils acceptèrent la proposition de l'homme méchant, et ils le bénirent ; « car, disaient-ils, il nous donne la vie. »

Et, continuant de les tromper de la même manière, l'homme méchant augmenta toujours plus leur travail, et diminua toujours plus leur salaire.

Et ils mouraient faute du nécessaire, et d'autres s'empressaient de les remplacer, car l'indigence était devenue si profonde dans ce pays, que les familles entières se vendaient pour un morceau de pain.

Et l'homme méchant qui avait menti à ses frères amassa plus de richesses que l'homme méchant qui les avait enchaînés.

Le nom de celui-ci est Tyran, l'autre n'a de nom qu'en enfer.

IX

Vous êtes dans ce monde comme des étrangers.

Allez au Nord et au Midi, à l'Orient et à l'Occident, en quelque endroit que vous vous arrêtiez, vous trouverez un homme qui vous en chassera en disant : « Ce champ est à moi. »

Et après avoir parcouru tous les pays, vous reviendrez, sachant qu'il n'y a nulle part un pauvre petit coin de terre où votre femme en travail puisse enfanter son premier-né, où vous puissiez reposer après votre labeur, où, arrivé au dernier terme, vos enfants puissent enfouir vos os, comme dans un lieu qui soit à vous.

C'est là, certes, une grande misère.

Et pourtant, vous ne devez pas vous trop affliger, car il est écrit de celui qui a sauvé la race humaine :

Le renard a sa tanière, les oiseaux du ciel ont leur nid, mais le Fils de l'homme n'a pas où reposer sa tête.

Or, il s'est fait pauvre pour vous apprendre à supporter la pauvreté.

Ce n'est pas que la pauvreté vienne de Dieu, mais elle est une suite de la corruption et des mauvaises convoitises des hommes, et c'est pourquoi il y aura toujours des pauvres.

La pauvreté est fille du péché, dont le germe est en chaque homme, et de la servitude, dont le germe est en chaque société.

Il y aura toujours des pauvres, parce que l'homme ne détruira jamais le péché en soi.

Il y aura toujours moins de pauvres, parce que peu à peu la servitude disparaîtra de la société.

Voulez-vous travailler à détruire la pauvreté, travaillez à détruire le péché, en vous premièrement, puis dans les autres, et la servitude dans la société.

Ce n'est pas en prenant ce qui est à autrui qu'on peut détruire la pauvreté; car comment, en faisant des pauvres, diminuera-t-on le nombre des pauvres?

Chacun a droit de conserver ce qu'il a, sans quoi personne ne posséderait plus rien.

Mais chacun a droit d'acquérir par son travail ce qu'il n'a pas, sans quoi la pauvreté serait éternelle.

Affranchissez donc votre travail, affranchissez vos bras, et la pauvreté ne sera plus parmi les hommes qu'une exception permise de Dieu, pour leur rappeler l'infirmité de leur nature et le secours mutuel et l'amour qu'ils se doivent les uns aux autres.

X

Lorsque toute la terre gémissait dans l'attente de la délivrance, une voix s'éleva de la Judée, la voix de celui qui venait souffrir et mourir pour ses frères, et que quelques-uns appelaient par dédain le Fils du charpentier.

Le Fils donc du charpentier, pauvre et délaissé en ce monde, disait :

« Venez à moi, vous tous qui haletez sous le poids du travail, et je vous ranimerai. »

Et depuis ce temps-là jusqu'à ce jour, pas un de ceux qui ont cru en lui n'est demeuré sans soulagement dans sa misère.

Pour guérir les maux qui affligent les hommes, il prêchait à tous la justice qui est le commencement de la charité, et la charité qui est la consommation de la justice.

Or la justice commande de respecter le droit d'autrui, et quelquefois la charité veut que l'on abandonne le sien même, à cause de la paix ou de quelque autre bien.

Que serait le monde si le droit cessait d'y régner, si chacun n'était en sûreté de sa personne et ne jouissait sans crainte de ce qui lui appartient?

Mieux vaudrait vivre au sein des forêts que dans une société ainsi livrée au brigandage.

Ce que vous prendrez aujourd'hui, un autre vous le prendra demain. Les hommes seront plus misérables que les oiseaux du ciel, à qui les autres oiseaux ne ravissent ni leur pâture ni leur nid.

Qu'est-ce qu'un pauvre? C'est celui qui n'a point encore de propriété.

Que souhaite-t-il? De cesser d'être pauvre, c'est-à-dire d'acquérir une propriété.

Or, celui qui dérobe, qui pille, que fait-il, sinon abolir autant qu'il est en lui le droit même de propriété?

Piller, voler, c'est donc attaquer le pauvre aussi bien que le riche; c'est renverser le fondement de toute société parmi les hommes.

Quiconque ne possède rien ne peut arriver à posséder que parce que d'autres possèdent déjà; puisque ceux-là seuls peuvent lui donner quelque chose en échange de son travail.

L'ordre est le bien, l'intérêt de tous.

Ne buvez point à la coupe du crime : au fond est l'amère détresse et l'angoisse et la mort.

XI

Et j'avais vu les maux qui arrivent sur la terre, le faible opprimé, le juste mendiant son pain, le méchant élevé aux honneurs et regorgeant de richesses, l'innocent condamné par des juges iniques, et ses enfants errant sous le soleil.

Et mon âme était triste, et l'espérance en sortait de toutes parts comme d'un vase brisé.

Et Dieu m'envoya un profond sommeil.

Et dans mon sommeil, je vis comme une forme lumineuse, debout près de moi, un Esprit dont le regard doux et perçant pénétrait jusqu'au fond de mes pensées les plus secrètes.

Et je tressaillis non de crainte ni de joie, mais comme d'un sentiment qui serait un mélange inexprimable de l'une et de l'autre.

Et l'esprit me dit : « Pourquoi es-tu triste ? »

Et je répondis en pleurant : « Oh ! voyez les maux qui sont sur la terre. »

Et la forme céleste se prit à sourire d'un sourire ineffable, et cette parole vint à mon oreille :

« Ton œil ne voit rien qu'à travers ce milieu trompeur que les créatures nomment le temps. Le temps n'est que pour toi : il n'y a point de temps pour Dieu. »

Et je me taisais, car je ne comprenais pas.

Tout à coup l'Esprit : « Regarde, » dit-il.

Et, sans qu'il y eût désormais pour moi ni avant ni après, en un même instant, je vis à la fois ce que, dans leur langue infirme et défaillante, les hommes appellent passé, présent, avenir.

Et tout cela n'était qu'un, et cependant, pour dire ce que je vis, il faut que je redescende au sein du temps, il faut que je parle la langue infirme et défaillante des hommes.

Et toute la race humaine me paraissait comme un seul homme.

Et cet homme avait fait beaucoup de mal, peu de bien, avait senti beaucoup de douleurs, peu de joies.

Et il était là, gisant dans sa misère, sur

une terre tantôt glacée, tantôt brûlante, maigre, affamé, souffrant, affaissé d'une langueur entremêlée de convulsions, accablé de chaînes forgées dans la demeure des démons.

Sa main droite en avait chargé sa main gauche, et la gauche en avait chargé la droite, et au milieu de ces rêves mauvais il s'était tellement roulé dans ses fers, que tout son corps en était couvert et serré.

Car dès qu'ils le touchaient seulement, ils se collaient à sa peau comme du plomb bouillant ; ils entraient dans la chair et n'en sortaient plus.

Et c'était là l'homme, je le reconnus.

Et voilà, un rayon de lumière partait de l'Orient, et un rayon d'amour du Midi, et un rayon de force du Septentrion.

Et ces trois rayons s'unirent sur le cœur de cet homme.

Et quand partit le rayon de lumière, une voix dit : « Fils de Dieu, frère du Christ, sache ce que tu dois savoir. »

Et quand partit le rayon d'amour, une voix dit : « Fils de Dieu, frère du Christ, aime qui tu dois aimer. »

Et quand partit le rayon de force, une voix dit : « Fils de Dieu, frère du Christ, fais ce qui doit être fait. »

Et quand les trois rayons se furent unis, les trois voix s'unirent aussi, et il s'en forma une seule voix qui dit :

« Fils be Dieu, frère du Christ, sers Dieu et ne sers que lui seul. »

Et alors ce qui jusque-là ne m'avait semblé qu'un homme m'apparut comme une multitude de peuples et de nations.

Et mon premier regard ne m'avait pas trompé, et le second ne me trompait pas non plus.

Et ces peuples et ces nations, se réveillant sur leur lit d'angoisse, commencèrent à se dire :

« D'où viennent nos souffrances et notre langueur, et la faim et la soif qui nous tourmentent, et les chaînes qui nous courbent vers la terre et entrent dans notre chair? »

Et leur intelligence s'ouvrit, et ils comprirent que les fils de Dieu, les frères du Christ, n'avaient pas été condamnés par leur père à l'esclavage, et que cet esclavage était la source de tous leurs maux.

Chacun donc essaya de rompre ses fers, mais nul n'y parvint.

Et ils se regardèrent les uns les autres avec une grande pitié, et l'amour agissant en eux, ils se dirent : « Nous avons tous la même pensée, pourquoi n'aurions-nous pas tous le même cœur? Ne sommes-nous pas tous les fils du même Dieu et les frères du même Christ? Sauvons-nous ou mourons ensemble. »

Et ayant dit cela, ils sentirent en eux une force divine, et j'entendis leurs chaînes craquer, et ils combattirent six jours contre ceux qui les avaient enchaînés, et le sixième jour ils furent vainqueurs, et le septième fut un jour de repos.

Et la terre qui était sèche, reverdit, et tous purent manger de ses fruits, et aller et venir sans que personne leur dît : « Où allez-vous? on ne passe point ici. »

Et les petits enfants cueillaient des fleurs, et les apportaient à leur mère, qui doucement leur souriait.

Et il n'y avait ni pauvres ni riches, mais tous avaient en abondance les choses nécessaires à leurs besoins, parce que tous s'aimaient et s'aidaient en frères.

Et une voix, comme la voix d'un ange, retentit dans les cieux : « Gloire à Dieu, qui a donné l'intelligence, l'amour, la force à ses enfants! Gloire au Christ, qui a rendu à ses frères la liberté! »

XII

Lorsqu'un de vous souffre une injustice, lorsque, dans sa route à travers le monde, l'oppresseur le renverse et met le pied sur lui ; s'il se plaint, nul ne l'entend.

Le cri du pauvre monte jusqu'à Dieu, mais il n'arrive pas à l'oreille de l'homme.

Et je me suis demandé : « D'où vient ce mal ? Est-ce que celui qui a créé le pauvre comme le riche, le faible comme le puissant, aurait voulu ôter aux uns toute crainte dans leurs iniquités, aux autres toute espérance dans leur misère ? »

Et j'ai vu que c'était là une pensée horrible, un blasphème contre Dieu.

Parce que chacun de vous n'aime que soi, parce qu'il se sépare de ses frères, parce qu'il est seul et veut être seul, sa plainte n'est point entendue.

Au printemps, lorsque tout se ranime, il sort de l'herbe un bruit qui s'élève comme un long murmure.

Ce bruit, formé de tant de bruits qu'on ne les pourrait compter, est la voix d'un nombre innombrable de pauvres petites créatures imperceptibles.

Seule, aucune d'elles ne serait entendue : toutes ensemble, elles se font entendre.

Vous êtes aussi cachés sous l'herbe, pourquoi n'en sort-il aucune voix ?

Quand on veut passer une rivière rapide, on se forme en une longue file sur deux rangs, et, rapprochés de la sorte, ceux qui n'auraient pu, isolés des autres, résister à la force des eaux la surmontent sans peine.

Faites ainsi, et vous romprez le cours de l'iniquité, qui vous emporte lorsque vous êtes seuls, et vous jette brisés sur la rive.

Que vos résolutions soient lentes, mais fermes. Ne vous laissez aller ni à un premier ni à un second mouvement.

Mais si l'on a commis contre vous quelque injustice, commencez par bannir tout sentiment de haine de votre cœur, et puis, levant les mains et les yeux en haut, dites à votre Père, qui est dans les cieux :

«O Père, vous êtes le protecteur de l'innocent et de l'opprimé ; car c'est votre amour qui a créé le monde, et c'est votre justice qui le gouverne.

» Vous voulez qu'elle règne sur la terre, et le méchant y oppose sa volonté mauvaise.

» C'est pourquoi nous avons résolu de combattre le méchant.

» O Père! donnez le conseil à notre esprit, et la force à nos bras! »

Quand vous aurez ainsi prié du fond de
votre âme, combattez et ne craignez rien.

Si d'abord la victoire paraît s'éloigner de
vous, ce n'est qu'une épreuve; elle reviendra, car votre sang sera comme le sang
d'Abel égorgé par Caïn, et votre mort comme
celle des martyrs.

XIII

C'était dans une nuit sombre; un ciel
sans astre pesait sur la terre, comme un
couvercle de marbre noir sur un tombeau.

Et rien ne troublait le silence de cette
nuit, si ce n'est un bruit étrange, comme
d'un léger battement d'ailes, que de fois à
autre on entendait au-dessus des campagnes
et des cités;

Et alors les ténèbres s'épaississaient, et
chacun sentait son âme se serrer, et le fris-
son courir dans ses veines.

Et dans une salle tendue de noir et éclai-
rée d'une lampe rougeâtre, sept hommes
vêtus de pourpre, et la tête ceinte d'une
couronne, étaient assis sur sept siéges de
fer.

Et au milieu de la salle s'élevait un trône composé d'ossements, et au pied du trône, en guise d'escabeau, était un crucifix renversé; et devant le trône, une table d'ébène, et sur la table, un vase plein de sang rouge et écumeux, et un crâne humain.

Et les sept hommes couronnés paraissaient pensifs et tristes, et, du fond de son orbite creux, leur œil de temps en temps laissait échapper des étincelles d'un feu livide.

Et l'un d'eux, s'étant levé, s'approcha du trône en chancelant, et mit le pied sur le crucifix.

En ce moment, ses membres tremblèrent, et il sembla près de défaillir. Les autres regardaient immobiles; ils ne firent point le moindre mouvement, mais je ne sais quoi passa sur leur front, et un sourire qui n'est pas de l'homme contracta leurs lèvres.

Et celui qui avait semblé près de défaillir étendit la main, saisit le vase plein de sang, en versa dans le crâne, et le but.

Et cette boisson parut le fortifier.

Et dressant la tête, ce cri sortit de sa poitrine comme un sourd râlement:

« Maudit soit le Christ, qui a ramené sur la terre la Liberté ! »

Et les six autres hommes couronnés se levèrent tous ensemble, et tous ensemble poussèrent le même cri :

« Maudit soit le Christ, qui a ramené sur terre la Liberté ! »

Après quoi, s'étant rassis sur leurs siéges de fer, le premier dit :

« Mes frères, que ferons-nous pour étouffer la Liberté ? Car notre règne est fini si le sien commence. Notre cause est la même : que chacun propose ce qui lui semblera bon.

» Voici pour moi le conseil que je donne. Avant que le Christ vînt, qui se tenait debout devant nous ? C'est sa religion qui nous a perdus : abolissons la religion du Christ. »

Et tous répondirent : « Il est vrai. Abolissons la religion du Christ. »

Et un second s'avança vers le trône, prit le crâne humain, y versa du sang, le but, et dit ensuite :

« Ce n'est pas la religion seulement qu'il faut abolir, mais encore la science et la pensée; car la science veut connaître ce qu'il n'est pas bon pour nous que l'homme

sache; et la pensée est toujours prête à re-
gimber contre la force. »

Et tous répondirent : «Il est vrai. Abolissons la science et la pensée. »

Et ayant fait ce qu'avaient fait les deux
premiers, un troisième dit :

« Lorsque nous aurons replongé les hommes dans l'abrutissement en leur ôtant et la
religion, et la science, et la pensée, nous aurons fait beaucoup , mais il nous restera
quelque chose à faire.

» La brute a des instincts et des sympa-
thies dangereuses. Il faut qu'aucun peuple
n'entende la voix d'un autre peuple, de peur
que si celui-là se plaint et se remue, celui-ci
ne soit tenté de l'imiter. Qu'aucun bruit du
dehors ne pénètre chez nous. »

Et tous répondirent : «Il est vrai. Qu'aucun bruit du dehors ne pénètre chez
nous. »

Et un quatrième dit : « Nous avons notre
intérêt, et les peuples ont aussi leur intérêt
opposé au nôtre. S'ils s'unissent pour défendre contre nous cet intérêt, comment
leur résisterons-nous?

» Divisons pour régner. Créons à chaque
province, à chaque ville, à chaque hameau,
un intérêt contraire à celui des autres ha-

meaux, des autres villes, des autres provinces.

» De cette manière, tous se haïront, et ils ne songeront pas à s'unir contre nous. »

Et tous répondirent : « Il est vrai. Divisons pour régner : la concorde nous tuerait. »

Et un cinquième, ayant deux fois rempli de sang et vidé deux fois le crâne humain, dit :

« J'approuve tous ces moyens ; ils sont bons, mais insuffisants. Faites des brutes, c'est bien ; mais effrayez ces brutes ; frappez-les de terreur par une justice inexorable et par des supplices atroces, si vous ne voulez pas tôt ou tard en être dévorés. Le bourreau est le premier ministre d'un bon prince. »

Et tous répondirent : « Il est vrai. Le bourreau est le premier ministre d'un bon prince. »

Et un sixième dit :

« Je reconnais l'avantage des supplices prompts, terribles, inévitables. Cependant il y a des âmes fortes et des âmes désespérées qui bravent les supplices.

» Voulez-vous gouverner aisément les hommes, amollissez-les par la volupté. La vertu ne nous vaut rien ; elle nourrit la force : épuisons-la plutôt par la corruption. »

Et tous répondirent : « Il est vrai. Epui
sons la force et l'énergie et le courage pa
la corruption. »

Alors le septième, ayant comme les autres
bu dans le crâne humain, parla de la sorte,
les pieds sur le crucifix :

« Plus de Christ; il y a guerre à mort,
guerre éternelle entre lui et nous.

» Mais comment détacher de lui les peuples? C'est une tentative vaine. Que faire
donc ? Ecoutez-moi : il faut gagner les prêtres du Christ avec des biens, des honneurs
et de la puissance.

» Et ils commanderont au peuple, de la
part du Christ, de nous être soumis en tout,
quoi que nous fassions, quoi que nous or-
donnions ;

» Et le peuple les croira, et il obéira par
conscience, et notre pouvoir sera plus affer-
mi qu'auparavant. »

Et tous répondirent : « Il est vrai. Gagnons
les prêtres du Christ. »

Et tout à coup la lampe qui éclairait la
salle s'éteignit, et les sept hommes se sépa-
rèrent dans les ténèbres.

Et il fut dit à un juste, qui en ce moment

veillait et priait devant la croix : « Mon
jour approche. Adore et ne crains rien. »

XIV

Et à travers un brouillard gris et lourd,
je vis comme on voit sur la terre, à l'heure
du crépuscule, une plaine nue, déserte et
froide.

Au milieu s'élevait un rocher d'où tombait goutte à goutte une eau noirâtre, et le
bruit faible et sourd des gouttes qui tom-
baient était le seul bruit qu'on entendît.

Et sept sentiers, après avoir serpenté dans
la plaine, venaient aboutir au rocher, et
près du rocher, à l'entrée de chacun, était
une pierre recouverte de je ne sais quoi
d'humide et de vert, semblable à la bave
d'un reptile.

Et voilà, sur l'un des sentiers, j'aperçus
comme une ombre qui lentement se mou-
vait ; et peu à peu, l'ombre s'approchant, je
distinguai, non pas un homme, mais la res-
semblance d'un homme.

Et à l'endroit du cœur, cette forme humaine avait une tache de sang.

Et elle s'assit sur la pierre humide et

verte, et ses membres grelottaient, et, la tête penchée, elle se serrait avec ses bras, comme pour retenir un reste de chaleur.

Et par les six autres sentiers, six autres ombres successivement arrivèrent au pied du rocher.

Et chacune d'elles, grelottant et se serrant avec ses bras, s'assit sur la pierre humide et verte.

Et elles étaient là, silencieuses et courbées sous le poids d'une incompréhensible angoisse.

Et leur silence dura longtemps, je ne sais combien de temps, car jamais le soleil ne se lève sur cette plaine : on n'y connaît ni soir ni matin. Les gouttes d'eau noirâtre y mesurent seules, en tombant, une durée monotone, obscure, pesante, éternelle.

Et cela était si horrible à voir, que, si Dieu ne m'avait fortifié, je n'aurais pu en soutenir la vue.

Et, après une sorte de frissonnement convulsif, une des ombres, soulevant sa tête, fit entendre un son comme le son rauque et sec du vent qui bruit dans un squelette.

Et le rocher renvoya cette parole à mon oreille :

« Le Christ a vaincu : maudit soit-il ! »

Et les six autres ombres tressaillirent, et toutes ensemble soulevant la tête, le même blasphème sortit de leur sein :

« Le Christ a vaincu : maudit soit-il ! »

Et aussitôt elles furent saisies d'un tremblement plus fort, le brouillard s'épaissit, et pendant un moment l'eau noirâtre cessa de couler.

Et les sept ombres avaient plié de nouveau sous le poids de leur angoisse secrète, et il y eut un second silence plus long que le premier.

Ensuite une d'elles, sans se lever de sa pierre, immobile et penchée, dit aux autres :

« Il vous est donc advenu ainsi qu'à moi. Que nous ont servi tous nos conseils ? »

Et une autre reprit : « La foi et la pensée ont brisé les chaînes des peuples ; la foi et la pensée ont affranchi la terre. »

Et une autre dit : « Nous voulions diviser les hommes, et notre oppression les a unis contre nous. »

Et une autre : « Nous avons versé le sang, et ce sang est retombé sur nos têtes. »

Et une autre : « Nous avons semé la corruption, et elle a germé en nous, et elle a dévoré nos os. »

Et une autre : « Nous avons cru étouffer la

Liberté, et son souffle a desséché notre pouvoir jusqu'en sa racine. »

Alors la septième ombre :

« Le Christ a vaincu : maudit soit-il ! »

Et tous d'une seule voix répondirent :

« Le Christ a vaincu : maudit soit-il ! »

Et je vis une main qui s'avançait; elle trempa le doigt dans l'eau noirâtre dont les gouttes mesurent en tombant la durée éternelle, en marqua au front les sept ombres, et ce fut pour jamais.

XV

Vous n'avez qu'un jour à passer sur la terre; faites en sorte de le passer en paix.

La paix est le fruit de l'amour ; car, pour vivre en paix, il faut savoir supporter bien des choses.

Nul n'est parfait, tous ont leurs défauts; chaque homme pèse sur les autres, et l'amour seul rend ce poids léger.

Si vous ne pouvez supporter vos frères, comment vos frères vous supporteront-ils ?

Il est écrit du fils de Marie: « Comme il avait aimé les siens qui étaient dans le monde, il les aima jusqu'à la fin. »

Aimez donc vos frères qui sont dans le monde, et aimez-les jusqu'à la fin.

L'amour est infatigable, il ne se lasse jamais. L'amour est inépuisable ; il vit et renaît de lui-même, et plus il s'épanche, plus il surabonde.

Qui s'aime plus que son frère n'est pas digne du Christ, mort pour ses frères. Avez-vous donné vos biens, donnez encore votre vie, et l'amour vous rendra tout.

Je vous le dis en vérité, celui qui aime, son cœur est un paradis sur la terre. Il a Dieu en soi, car Dieu est amour.

L'homme vicieux n'aime point, il convoite : il a faim et soif de tout ; son œil, tel que l'œil du serpent, fascine et attire, mais pour dévorer.

L'amour repose au fond des âmes pures, comme une goutte de rosée dans le calice d'une fleur.

Oh ! si vous saviez ce que c'est qu'aimer !

Vous dites que vous aimez, et beaucoup de vos frères manquent de pain pour soutenir leur vie, de vêtements pour couvrir leurs membres nus, d'un toit pour s'abriter, d'une poignée de paille pour dormir dessus, tandis que vous avez toutes choses en abondance.

Vous dites que vous aimez, et il y a, en grand nombre, des malades qui languissent privés de secours, sur leur pauvre couche, des malheureux qui pleurent sans que personne pleure avec eux, des petits enfants qui s'en vont, tout transis de froid, de porte en porte, demander aux riches une miette de leur table, et qui ne l'obtiennent pas.

Vous dites que vous aimez vos frères ; et que feriez-vous donc si vous les haïssiez ?

Et moi, je vous le dis, quiconque, le pouvant, ne soulage pas son frère qui souffre est l'ennemi de son frère ; et quiconque, le pouvant, ne nourrit pas son frère qui a faim est son meurtrier.

XVI

Il se rencontre des hommes qui n'aiment point Dieu et qui ne le craignent point : fuyez-les, car il sort d'eux une vapeur de malédiction.

Fuyez l'impie, car son haleine tue ; mais ne le haïssez pas, car qui sait si déjà Dieu n'a pas changé son cœur ?

L'homme qui, même de bonne foi, dit : « Je ne crois point, » se trompe souvent. Il y a bien avant dans l'âme, jusqu'au fond, une racine de foi qui ne sèche point.

La parole qui nie Dieu brûle les lèvres sur lesquelles elle passe, et la bouche qui s'ouvre pour blasphémer est un soupirail de l'enfer.

L'impie est seul dans l'univers. Toutes les créatures louent Dieu, tout ce qui sent le bénit, tout ce qui pense l'adore : l'astre du jour et ceux de la nuit le chantent dans leur langue mystérieuse.

Il y a écrit au firmament son nom trois fois saint.

Gloire à Dieu dans les hauteurs des cieux.

Il l'a écrit aussi dans le cœur de l'homme, et l'homme bon l'y conserve avec amour ; mais d'autres tâchent de l'effacer.

Paix sur la terre aux hommes dont la volonté est bonne !

Leur sommeil est doux, et leur mort est encore plus douce, car ils savent qu'ils retournent vers leur père.

Comme le pauvre laboureur, au déclin du jour, quitte les champs, regagne sa chaumière, et, assis devant la porte, oublie ses fatigues en regardant le ciel : ainsi, quand le soir se fait, l'homme d'espérance regagne avec joie la maison paternelle, et, assis sur le seuil, oublie les travaux de l'exil dans les visions de l'éternité.

XVII

Deux hommes étaient voisins, et chacun d'eux avait une femme et plusieurs petits enfants, et son seul travail pour les faire vivre.

Et l'un de ces deux hommes s'inquiétait en lui-même, disant : « Si je meurs ou que je tombe malade, que deviendront ma femme et mes enfants ? »

Et cette pensée ne le quittait point, et elle rongeait son cœur comme un ver ronge le fruit où il est caché.

Or, bien que la même pensée fût venue également à l'autre père, il ne s'y était point arrêté ; « car, disait-il, Dieu, qui connaît toutes ses créatures et qui veille sur elles, veillera aussi sur moi, et sur ma femme, et sur mes enfants. »

Et celui-ci vivait tranquille, tandis que le premier ne goûtait pas un instant de repos ni de joie intérieurement.

Un jour qu'il travaillait aux champs, triste et abattu à cause de sa crainte, il vit quelques oiseaux entrer dans un buisson, en sortir, et puis bientôt y revenir encore.

Et, s'étant approché, il vit deux nids posés côte à côte, et dans chacun plusieurs petits nouvellement éclos et encore sans plumes.

Et quand il fut retourné à son travail, de temps en temps il levait les yeux, et regardait ces oiseaux qui allaient et venaient portant la nourriture à leurs petits.

Or, voilà qu'au moment où l'une des mères rentrait avec sa becquée, un vautour la saisit, l'enlève, et la pauvre mère se débattant vainement sous sa serre, jetait des cris perçants.

A cette vue, l'homme qui travaillait sentit son âme plus troublée qu'auparavant ; « car, pensait-il, la mort de la mère, c'est la mort des enfants. Les miens n'ont que moi non plus. Que deviendront-ils si je leur manque? »

Et tout le jour il fut sombre et triste, et la nuit il ne dormit point.

Le lendemain, de retour aux champs, il se dit : « Je veux voir les petits de cette pauvre mère : plusieurs sans doute ont déjà péri. » Et il s'achemina vers le buisson.

Et, regardant, il vit les petits bien portants; pas un ne semblait avoir pâti.

Et, ceci l'ayant étonné, il se cacha pour observer ce qui se passerait.

Et, après un peu de temps, il entendit un léger cri, et il aperçut la seconde mère rapportant en hâte la nourriture qu'elle avait recueillie, et elle la distribua à tous les petits indistinctement, et il y en eut pour tous, et les orphelins ne furent point délaissés dans leur misère.

Et le père qui s'était défié de la Providence raconta le soir à l'autre père ce qu'il avait vu.

Et celui-ci lui dit: « Pourquoi s'inquiéter? Jamais Dieu n'abandonne les siens. Son amour a des secrets que nous ne connaissons point. Croyons, espérons, aimons, et poursuivons notre route en paix.

» Si je meurs avant vous, vous serez le père de mes enfants; si vous mourez avant moi, je serai le père des vôtres.

» Et si l'un et l'autre, nous mourons avant qu'ils soient en âge de pourvoir eux-mêmes à leurs nécessités, ils auront pour père le Père qui est dans les cieux. »

XVIII

Quand vous avez prié, ne sentez-vous pas votre cœur plus léger et votre âme plus contente?

La prière rend l'affliction moins douloureuse et la joie plus pure : elle mêle à l'une je ne sais quoi de fortifiant et de doux et à l'autre un parfum céleste.

Que faites-vous sur la terre, et n'avez-vous rien à demander à Celui qui vous y a mis?

Vous êtes un voyageur qui cherche la patrie. Ne marchez point la tête baissée : il faut lever les yeux pour reconnaître sa route.

Votre patrie, c'est le ciel; et quand vous regardez le ciel, est-ce qu'en vous il ne se remue rien? est-ce que nul désir ne vous presse? ou ce désir est-il muet?

Il en est qui disent : « A quoi bon prier? Dieu est trop au-dessus de nous pour écouter de si chétives créatures. »

Et qui donc a fait ces créatures chétives, qui leur a donné le sentiment, et la pensée, et la parole, si ce n'est Dieu?

Et s'il a été si bon envers elles, était-ce pour les délaisser ensuite et les repousser loin de lui !

En vérité, je vous le dis, quiconque dit dans son cœur que Dieu méprise ses œuvres blasphème Dieu.

Il en est d'autres qui disent : A quoi bon prier? Dieu ne sait-il pas mieux que nous ce dont nous avons besoin?

Dieu sait mieux que vous ce dont vous avez besoin, et c'est pour cela qu'il veut que vous le lui demandiez; car Dieu est lui-même votre premier besoin, et prier Dieu, c'est commencer à posséder Dieu.

Le père connaît les besoins de son fils ; faut-il à cause de cela que le fils n'ait jamais une parole de demande et d'actions de grâces pour son père ?

Quand les animaux souffrent, quand ils craignent, ou quand ils ont faim, ils poussent des cris plaintifs. Ces cris sont la prière qu'ils adressent à Dieu, et Dieu l'écoute. L'homme serait-il donc dans la création le seul être dont la voix ne dût jamais monter à l'oreille du Créateur ?

Il passe quelquefois sur les campagnes un vent qui dessèche les plantes, et alors on voit les tiges flétries pencher vers la terre ;

mais, humectées par la rosée, elles prennent leur fraîcheur, et relèvent leur tête languissante.

Il y a toujours des vents brûlants, qui passent sur l'âme de l'homme et la dessèchent. La prière est la rosée qui la rafraîchit.

XIX

Vous n'avez qu'un père, qui est Dieu, et qu'un maître, qui est le Christ.

Quand donc on vous dira de ceux qui possèdent sur la terre une grande puissance : « Voilà vos maîtres, » ne le croyez point. S'ils sont justes, ce sont vos serviteurs ; s'ils ne le sont pas, ce sont vos tyrans.

Tous naissent égaux : nul, en venant au monde, n'apporte avec lui le droit de commander.

J'ai vu dans un berceau un enfant criant et bavant, et autour de lui étaient des vieillards qui lui disaient : «*Seigneur*,» et qui, s'agenouillant, l'adoraient. Et j'ai compris toute la misère de l'homme.

C'est le péché qui a fait les princes ; parce qu'au lieu de s'aimer et de s'aider comme des frères, les hommes ont commencé à se nuire les uns aux autres.

Alors parmi eux ils en choisirent un ou plusieurs, qu'ils croyaient les plus justes, afin de protéger les bons contre les méchants, et que le faible pût vivre en paix.

Et le pouvoir qu'ils exerçaient était un pouvoir légitime, car c'était le pouvoir de Dieu qui veut que la justice règne, et le pouvoir du peuple qui les avait élus.

Et c'est pourquoi chacun était tenu en conscience de leur obéir.

Mais il s'en trouva aussi bientôt qui voulurent régner par eux-mêmes, comme s'ils eussent été d'une nature plus élevée que celle de leurs frères.

Et le pouvoir de ceux-ci n'est pas légitime, car c'est le pouvoir de Satan, et leur domination est celle de l'orgueil et de la convoitise.

Et c'est pourquoi, lorsqu'on n'a pas à craindre qu'il en résulte plus de mal, chacun peut et quelquefois doit en conscience leur résister.

Dans la balance du droit éternel, votre volonté pèse plus que la volonté des rois;

car ce sont les peuples qui font les rois ; et les rois sont faits pour les peuples, et les peuples ne sont pas faits pour les rois.

Le Père céleste n'a point formé les membres de ses enfants pour qu'ils fussent brisés par des fers, ni leur âme pour qu'elle fût meurtrie par la servitude.

Il les a unis en familles, et toutes les familles sont sœurs ; il les a unis en nations, et toutes les nations sont sœurs; et quiconque sépare les familles des familles, les nations des nations, divise ce que Dieu a uni : il fait l'œuvre de Satan.

Et ce qui unit les familles aux familles, les nations aux nations, c'est premièrement la loi de Dieu, la loi de justice et de charité, et ensuite la loi de liberté, qui est aussi la loi de Dieu.

Car sans la liberté, quelle union existerait-il entre les hommes? Ils seront unis comme le cheval est uni à celui qui le monte, comme le fouet du maître à la peau de l'esclave.

Si donc quelqu'un vient et dit : « Vous êtes à moi ; » répondez : « Non ; nous sommes à Dieu, qui est notre père, et au Christ, qui est notre seul maître. »

XX

Ne vous laissez pas tromper par de vaines paroles. Plusieurs chercheront à vous persuader que vous êtes vraiment libres, parce qu'ils auront écrit sur une feuille de papier le mot de liberté et l'auront affiché à tous les carrefours.

La liberté n'est pas un placard qu'on lit au coin de la rue. Elle est une puissance vivante qu'on sent en soi et autour de soi, le génie protecteur du foyer domestique, la garantie des droits sociaux, et le premier de ces droits.

L'oppresseur qui se couvre de son nom est le pire des oppresseurs. Il joint le mensonge à la tyrannie, et à l'injustice la profanation ; car le nom de la liberté est saint.

Gardez-vous donc de ceux qui disent : « Liberté, Liberté, » et qui la détruisent par leurs œuvres.

Est-ce vous qui choisissez ceux qui vous gouvernent, qui vous commandent de faire ceci et de ne pas faire cela, qui imposent vos biens, votre industrie, votre travail ? Et si ce n'est pas vous, comment êtes-vous libres ?

Pouvez-vous disposer de vos enfants comme vous l'entendez, confier à qui vous plaît le soin de les instruire et de former leurs mœurs? Et si vous ne le pouvez pas, comment êtes-vous libres?

Les oiseaux du ciel et les insectes même s'assemblent pour faire en commun ce qu'aucun d'eux ne pourrait faire seul. Pouvez-vous vous assembler pour traiter ensemble de vos intérêts, pour défendre vos droits, pour obtenir quelques soulagements à vos maux? Et si vous ne le pouvez pas, comment êtes-vous libres?

Pouvez-vous aller d'un lieu à un autre si on ne vous le permet, user des fruits de la terre et des productions de votre travail, tremper votre doigt dans l'eau de la mer et en laisser tomber une goutte dans le pauvre vase de terre où cuisent vos aliments, sans vous exposer à payer l'amende et à être traînés en prison? Et si vous ne le pouvez pas, comment êtes-vous libres?

Pouvez-vous, en vous couchant le soir, vous répondre qu'on ne viendra point, durant votre sommeil, fouiller les lieux les plus secrets de votre maison, vous arracher du sein de votre famille et vous jeter au fond d'un cachot, parce que le pouvoir, dans sa peur, se sera défié de vous? Et si vous ne le pouvez pas, comment êtes-vous libres?

La liberté luira sur vous quand, à force de courage et de persévérance, vous vous serez affranchis de toutes ces servitudes.

La liberté luira sur vous quand vous aurez dit au fond de votre âme : « Nous voulons être libres; » quand, pour le devenir, vous serez prêts à sacrifier tout et à tout souffrir.

La liberté luira sur vous lorsque, au pied de la croix sur laquelle le Christ mourut pour vous, vous aurez juré de mourir les uns pour les autres.

XXI

Le peuple est incapable d'entendre ses intérêts; on doit, pour son bien, le tenir toujours en tutelle. N'est-ce pas à ceux qui ont des lumières de conduire ceux qui manquent de lumières?

Ainsi parlent une foule d'hypocrites qui veulent faire les affaires du peuple afin de s'engraisser de la substance du peuple.

Vous êtes incapables, disent-ils, d'entendre vos intérêts; et sur cela, ils ne vous permettront pas même de disposer de ce qui est à vous pour un objet que vous jugerez utile ; et ils en disposeront contre votre gré, pour un autre objet qui vous déplaît et vous répugne.

Vous êtes incapables d'administrer une petite propriété commune, incapables de savoir ce qui vous est bon ou mauvais, de connaître vos besoins et d'y pourvoir ; et, sur cela, on vous enverra des hommes bien payés, à vos dépens, qui géreront vos biens à leur fantaisie, vous empêcheront de faire ce que vous voudrez, et vous forceront de faire ce que vous ne voudrez pas.

Vous êtes incapables de discerner quelle éducation il est convenable de donner à vos enfants ; et, par tendresse pour vos enfants, on les jettera dans des cloaques d'impiété et de mauvaises mœurs, à moins que vous n'aimiez mieux qu'ils demeurent privés de toute espèce d'instruction.

Vous êtes incapables de juger si vous pouvez, vous et votre famille, subsister avec le salaire qu'on vous accorde pour votre travail ; et l'on vous défendra, sous des peines sévères, de vous concerter ensemble pour obtenir une augmentation de ce salaire, afin que vous puissiez vivre, vous, vos femmes et vos enfants.

Si ce que dit cette race hypocrite et avide était vrai, vous seriez bien au-dessous de la brute, car la brute sait tout ce qu'on affirme que vous ne savez pas, et elle n'a besoin que de l'instinct pour le savoir.

Dieu ne vous a pas faits pour être le troupeau de quelques autres hommes. Il vous a faits pour vivre librement en société comme des frères. Or un frère n'a rien à commander à son frère. Les frères se lient entre eux par des conventions mutuelles, et ces conventions, c'est la loi, et la loi doit être respectée, et tous doivent s'unir pour empêcher qu'on ne la viole, parce qu'elle est la sauvegarde de tous, la volonté et l'intérêt de tous.

Soyez hommes : nul n'est assez puissant pour vous atteler au joug malgré vous; mais vous pouvez passer la tête dans le collier si vous le voulez.

Il y a des animaux stupides qu'on enferme dans des étables, qu'on nourrit pour le travail, et puis, lorsqu'ils vieillissent, qu'on engraisse pour manger leur chair.

Il y en a d'autres qui vivent dans les champs en liberté, qu'on ne peut plier à la servitude, qui ne se laissent point séduire par des caresses trompeuses ni vaincre par des menaces ou de mauvais traitement

Les hommes courageux ressemblent à ceux-ci ; les lâches sont comme les premiers.

XXII

Comprenez bien comment on se rend libre.

Pour être libre, il faut avant tout aimer Dieu, car si vous aimez Dieu, vous ferez sa volonté, et la volonté de Dieu est la justice et la charité, sans lesquelles point de liberté.

Lorsque, par violence ou par ruse, on prend ce qui est à autrui ; lorsqu'on l'attaque dans sa personne ; lorsqu'en chose licite on l'empêche d'agir comme il veut, ou qu'on le force d'agir comme il ne veut pas ; lorsqu'on viole son droit d'une manière quelconque, qu'est-ce que cela ? Une injustice. C'est donc l'injustice qui détruit la liberté.

Si chacun n'aimait que soi et ne songeait qu'à soi, sans venir au secours des autres, le pauvre serait obligé souvent de dérober ce qui est à autrui, pour vivre et faire vivre les siens, le faible serait opprimé par un plus fort, et celui-ci par un autre encore plus fort ; l'injustice régnerait partout. C'est donc la charité qui conserve la liberté.

Aimez Dieu plus que toutes choses, et le prochain comme vous-mêmes, et la servitude disparaîtra de la terre.

Cependant ceux qui profitent de la servitude de leurs frères mettront tout en œuvre pour la prolonger. Ils emploieront pour cela le mensonge et la force.

Ils diront que la domination arbitraire de quelques-uns et l'esclavage de tous les autres est l'ordre établi de Dieu; et, pour conserver leur tyrannie, ils ne craindront point de blasphémer la Providence.

Répondez-leur que leur Dieu à eux est Satan, l'ennemi de la race humaine, et que le vôtre est celui qui a vaincu Satan.

Après cela, ils déchaîneront contre vous leurs satellites; ils feront bâtir des prisons sans nombre pour vous y enfermer ; ils vous poursuivront avec le fer et le feu; ils vous tourmenteront et répandront votre sang comme l'eau des fontaines.

Si donc vous n'êtes pas résolus à combattre, sans relâche, à tout supporter sans fléchir, à ne jamais vous lasser, à ne céder jamais, gardez vos fers et renoncez à une liberté dont vous n'êtes pas dignes.

La liberté est comme le royaume de Dieu : elle souffre violence, et les violents la ravissent.

Et la violence qui vous mettra en possession de la liberté n'est pas la violence féroce des voleurs et des brigands, l'injustice et la vengeance, la cruauté, mais une volonté forte, inflexible, un courage calme et généreux.

La cause la plus sainte se change en une cause impie, exécrable, quand on emploie le crime pour la soutenir. D'esclave l'homme de crime peut devenir tyran, mais jamais il ne devient libre.

XXIII

Seigneur, nous crions vers vous du fond de notre misère.

Comme les animaux qui manquent de pâture pour donner à leurs petits,

Nous crions vers vous, Seigneur.

Comme la brebis à qui on enlève son agneau,

Nous crions vers vous, Seigneur.

Comme la colombe quesaisit le vautovr,

Nous crions vers vous, Seigneur.

Comme la gazelle sous la griffe du tigre,

Nous crions vers vous, Seigneur.

Comme le taureau épuisé de fatigue et ensanglanté par l'aiguillon,

Nous crions vers vous, Seigneur.

Comme l'oiseau blessé que le chien poursuit,

Nous crions vers vous, Seigneur.

Comme l'hirondelle tombée de lassitude en traversant les mers, et se débattant sur la vague,

Nous crions vers vous, Seigneur.

Comme des voyageurs égarés dans un désert brûlant et sans eau,

Nous crions vers vous, Seigneur.

Comme des naufragés sur une côte stérile,

Nous crions vers vous, Seigneur.

Comme celui qui, à l'heure où la nuit se fait, rencontre près d'un cimetière un spectre hideux,

Nous crions vers vous, Seigneur.

Comme le père à qui on ravit le morceau de pain qu'il portait à ses enfants affamés,

Nous crions vers vous, Seigneur.

Comme le prisonnier que le puissant injuste a jeté dans un cachot humide et ténébreux.

Nous crions vers vous, Seigneur.

Comme l'esclave déchiré par le fouet du maître,

Nous crions vers vous, Seigneur.

Comme l'innocent qu'on mène au supplice,

Nous crions vers vous, Seigneur.

Comme le peuple d'Israël dans la terre de servitude,

Nous crions vers vous, Seigneur.

Comme les descendants de Jacob dont le roi d'Egypte faisait noyer dans le Nil les fils premiers-nés,

Nous crions vers vous, Seigneur.

Comme les douze tribus dont les oppresseurs augmentaient tous les jours les travaux, en retranchant chaque jour quelque chose de leur nourriture,

Nous crions vers vous, Seigneur.

Comme toutes les nations de la terre, avant qu'eût lui l'aurore de la délivrance,

Nous crions vers vous, Seigneur.

Comme le Christ sur la croix, lorsqu'il dit : « Mon Père, mon Père, pourquoi m'avez-vous délaissé ? »

Nous crions vers vous, Seigneur.

O Père ! vous n'avez point délaissé votre Fils, votre Christ, si ce n'est en apparence et pour un moment ; vous ne délaisserez point non plus à jamais les frères du Christ. Son divin sang, qui les a rachetés de l'esclavage du Prince de ce monde, les rachètera aussi de l'esclavage des ministres du Prince de ce monde. Voyez leurs pieds et leurs mains percés, leur côté ouvert, leur tête couverte de plaies sanglantes. Sous la terre que vous leur aviez donnée pour héritage, on leur a creusé un vaste sépulcre, et on les y a jetés pêle-mêle, et on en a scellé la pierre d'un sceau sur lequel on a, par moquerie, gravé votre saint nom. Et ainsi, Seigneur, ils sont là gisants ; mais ils n'y seront pas éternellement. Encore trois jours, et le sceau sacrilége sera brisé, et la pierre sera brisée, et ceux qui dorment se réveilleront, et le règne du Christ, qui est justice et charité, et paix et joie dans l'Esprit-Saint, commencera. Ainsi soit-il.

XXIV

Tout ce qui arrive dans le monde a son signe qui le précède.

Lorsque le soleil est près de se lever, l'horizon se, colore de mille nuances, et l'Orient paraît tout en feu.

Lorsque la tempête vient, on entend sur le rivage un sourd bruissement, et les flots s'agitent comme d'eux-mêmes.

Les innombrables pensées diverses qui se croisent et se mêlent à l'horizon du monde spirituel sont le signe qui annonce le lever du soleil des intelligences.

Le murmure confus et le mouvement intérieur des peuples en émoi sont le signe précurseur de la tempête qui passera bientôt sur les nations tremblantes.

Tenez-vous prêts, car les temps approchent.

En ce jour-là, il y aura de grandes terreurs et des cris tels qu'on n'en a point entendu depuis les jours du déluge.

Les rois hurleront sur leurs trônes : ils chercheront à retenir avec leurs deux mains leurs couronnes emportées par les vents, et ils seront balayés avec elles.

Les riches et les puissants sortiront nus de leurs palais de peur d'être ensevelis sous leurs ruines.

On les verra, errants sur les chemins, demander aux passants quelques haillons pour couvrir leur nudité, un peu de pain noir pour apaiser leur faim, et je ne sais s'ils l'obtiendront.

Et il y aura des hommes qui seront saisis de la soif du sang, et qui adoreront la Mort, et qui voudront la faire adorer.

Et la Mort étendra sa main de squelette comme pour les bénir, et cette bénédiction descendra sur leur cœur, et il cessera de battre.

Et les savants se troubleront dans leur science, et elle leur apparaîtra comme un petit point noir, quand se lèvera le soleil des intelligences.

Et, à mesure qu'il montera, sa chaleur fondra les nuages amoncelés par la tempête, et ils ne seront plus qu'une légère vapeur, qu'un vent doux chassera vers le couchant.

Jamais le ciel n'aura été aussi serein, ni la terre aussi verte et aussi féconde.

Et, au lieu du faible crépuscule que nous appelons jour, une lumière vive et pure rayonnera d'en haut, comme un reflet de la face de Dieu.

Et les hommes se regarderont à cette lumière, et ils diront : Nous ne connaissions ni nous ni les autres : nous ne savions pas

ce que c'est que l'homme. A présent, nous
le savons.

Et chacun s'aimera dans son frère et se
tiendra heureux de le servir ; et il n'y aura
ni petits ni grands, à cause de l'amour qui
égale tout, et toutes les familles ne seront
qu'une famille, et toutes les nations qu'une
nation.

Ceci est le sens des lettres mystérieuses
que les Juifs aveugles attachèrent à la croix
du Christ.

XXV

C'était une nuit d'hiver. Le vent soufflait
au dehors, et la neige blanchissait les toits.

Sous un de ces toits, dans une chambre
étroite, étaient assises, travaillant de leurs
mains, une femme à cheveux blancs et
une jeune fille.

Et de temps en temps la vieille femme
réchauffait à un petit brasier ses mains
pâles. Une lampe d'argile éclairait cette
pauvre demeure, et un rayon de la lampe
venait expirer sur une image de la Vierge
suspendue au mur.

Et la jeune fille, levant les yeux, regarda
en silence, pendant quelques moments, la

femme à cheveux blancs ; puis elle lui dit :
« Ma mère, vous n'avez pas été toujours dans
ce dénûment. »

Et il y avait dans sa voix une douceur et
une tendresse inexprimables.

Et la femme à cheveux blancs répondit :
« Ma fille, Dieu est le maître : ce qu'il fait
est bien fait. »

Ayant dit ces mots, elle se tut un peu de
temps ; ensuite elle reprit

« Quand je perdis votre père, ce fut une
douleur que je crus sans consolation : cependant vous me restiez ; mais je ne sentais
qu'une chose alors.

» Depuis, j'ai pensé que s'il vivait et qu'il
nous vît dans cette détresse, son âme se
briserait ; et j'ai reconnu que Dieu avait été
bon envers lui. »

La jeune fille ne répondit rien, mais elle
baissa la tête, et quelques larmes, qu'elle
s'efforçait de cacher, tombèrent sur la toile
qu'elle tenait entre ses mains.

La mère ajouta : « Dieu, qui a été bon envers lui, a été bon aussi envers nous. De
quoi avons-nous manqué, tandis que tant
d'autres manquent de tout ?

» Il est vrai qu'il a fallu nous habituer à
peu, et, ce peu, le gagner par notre travail ;

mais ce peu ne suffit-il pas? et tous n'ont-ils pas été dès le commencement condamnés à vivre de leur travail ?

» Dieu, dans sa bonté, nous a donné le pain de chaque jour : et combien ne l'ont pas! un abri, et combien ne savent où se retirer!

» Il vous a, ma fille, donnée à moi : de quoi me plaindrais-je ? »

A ces dernières paroles, la jeune fille, tout émue, tomba aux genoux de sa mère, prit ses mains, les baisa, et se pencha sur son sein en pleurant.

Et la mère, faisant un effort pour élever la voix : « Ma fille, dit-elle, le bonheur n'est pas de posséder beaucoup, mais d'espérer et d'aimer beaucoup.

» Notre espérance n'est pas ici-bas, ni notre amour non plus, ou, s'il y est, ce n'est qu'en passant.

» Après Dieu, vous m'êtes tout en ce monde; mais ce monde s'évanouit comme un songe, et c'est pourquoi mon amour s'élève avec vous vers un autre monde.

» Lorsque je vous portais dans mon sein, un jour, je priai avec plus d'ardeur la Vierge Marie, et elle m'apparut pendant mon sommeil, et il me semblait qu'avec un sourire céleste elle me présentait un petit enfant.

» Et je pris l'enfant qu'elle me présentait, et, lorsque je le tins dans mes bras, la Vierge-Mère posa sur sa tête une couronne de roses blanches.

» Peu de mois après, vous naquîtes, et la douce vision était toujours devant mes yeux. »

Ce disant, la femme aux cheveux blancs tressaillit, et serra sur son cœur la jeune fille.

A quelque temps de là, une âme sainte vit deux formes lumineuses monter vers le ciel, et une troupe d'anges les accompagnait, et l'air retentissait de leurs chants d'allégresse.

XXVI

Ce que vos yeux voient, ce que touchent vos mains, ce ne sont que des ombres, et le son qui frappe votre oreille n'est qu'un grossier écho de la voix intime et mystérieuse qui adore, et prie, et gémit au sein de la création.

Car toute créature gémit, toute créature est dans le travail de l'enfantement, et s'efforce de naître à la vie véritable, de passer des ténèbres à la lumière, de la région des apparences à celle des réalités.

Ce soleil si brillant, si beau, n'est que le vêtement, l'emblème obscur du vrai soleil, qui éclaire et échauffe les âmes.

Cette terre si riche, si verdoyante, n'est que le pâle suaire de la nature : car la nature, déchue aussi, est descendue comme l'homme dans le tombeau, mais comme lui elle en sortira.

Sous cette enveloppe épaisse du corps, vous ressemblez à un voyageur qui, la nuit, dans sa tente, voit ou croit voir des fantômes passer.

Le monde réel est voilé pour vous. Celui qui se retire au fond de lui-même l'y entrevoit comme dans le lointain. De secrètes puissances qui sommeillent en lui se réveillent un moment, soulèvent un coin du voile que le Temps retient de sa main ridée, et l'œil intérieur est ravi des merveilles qu'il contemple.

Vous êtes assis au bord de l'océan des êtres, mais vous ne pénétrerez point dans ses profondeurs. Vous marchez le soir le long de la mer, et vous ne voyez qu'un peu d'écume que le flot jette sur le rivage.

A quoi vous comparerai-je encore ?

Vous êtes comme l'enfant dans le sein de sa mère attendant l'heure de la naissance ; comme l'insecte ailé dans le ver qui rampe, aspirant à sortir de cette prison terrestre, pour prendre votre essor vers les cieux.

XXVII

Qui est-ce qui se pressait autour du Christ pour entendre sa parole ? Le peuple.

Qui est-ce qui le suivait dans la montagne et les lieux déserts pour écouter ses enseignements ? Le peuple.

Qui voulait le choisir pour roi ? Le peuple.

Qui étendait ses vêtements et jetait devant lui les palmes en criant Hosannah, lors de son entrée à Jérusalem? Le peuple.

Qui est-ce qui se scandalisait à cause des malades qu'il guérissait le jour du sabbat ? Les scribes et les pharisiens.

Qui l'interrogeait insidieusement et lui tendait des piéges pour le perdre? Les scribes et les pharisiens.

Qui disait de lui : Il est posséaé? Qui l'appelait un homme de bonne chère et aimant le plaisir? Les scribes et les pharisiens.

Qui le traitait de séditieux et de blasphé-
mateur? qui se ligua pour le faire mourir?
qui le crucifia sur le Calvaire entre deux
voleurs?

Les scribes et les pharisiens, les docteurs
de la loi, le roi Hérode et ses courtisans, le
gouverneur romain et les princes des prêtres.

Leur astuce hypocrite trompa le peuple
même. Ils le poussèrent à demander la
mort de celui qui l'avait nourri dans le désert avec sept pains, qui rendait aux infirmes la santé, la vue aux aveugles, l'ouïe
aux sourds, et aux perclus l'usage de leurs
membres.

Mais Jésus, voyant qu'on avait séduit ce
peuple comme le serpent séduisit la femme,
pria son Père, disant : « Mon Père, pardon-
nez-leur, car ils ne savent pas ce qu'ils
font. »

Et cependant, depuis dix-huit siècles, le
Père ne leur a pas encore pardonné, et ils
traînent leur supplice par toute la terre, et
par toute la terre l'esclave est contraint de
se baisser pour les voir.

La miséricorde du Christ est sans exclu-
sion. Il est venu dans ce monde pour sauver
non pas quelques hommes, mais tous les

hommes. Il a eu pour chacun d'eux une goutte de sang.

Mais les petits, les faibles, les humbles, les pauvres, tous ceux qui souffraient, il les aimait d'un amour de prédilection.

Son cœur battait sur le cœur du peuple, et le cœur du peuple battait sur son cœur.

Et c'est là, sur le cœur du Christ, que les peuples malades se raniment, et que les peuples opprimés reçoivent la force de s'affranchir.

Malheur à ceux qui s'éloignent de lui, qui le renient! Leur misère est irrémédiable et leur servitude éternelle.

XXVIII

On a vu des temps où l'homme, en égorgeant l'homme dont les croyances différaient des siennes, se persuadait offrir un sacrifice agréable à Dieu.

Ayez en abomination ces meurtres exécrables.

Comment le meurtre de l'homme pourrait-il plaire à Dieu, qui a dit à l'homme : « Tu ne tueras point. »

Lorsque le sang de l'homme coule sur la

terre, comme une offrande à Dieu, les démons accourent pour le boire, et entrent
dans celui qui l'a versé.

On ne commence à persécuter que quand
on désespère de convaincre, et qui désespère de convaincre, ou blasphème en lui-
même la puissance de la vérité, ou manque
de confiance dans la vérité des doctrines
qu'il annonce.

Quoi de plus insensé que de dire aux
hommes : « Croyez ou mourez ! »

La foi est fille du Verbe : elle pénètre
dans les cœurs avec la parole, et non avec
le poignard.

Jésus passa en faisant le bien, attirant à
lui par sa bonté, et touchant par sa douceur
les âmes les plus dures.

Ses lèvres divines bénissaient et ne maudissaient point, si ce n'est les hypocrites. Il
ne choisit pas des bourreaux pour apôtres.

Il disait aux siens : « Laissez croître ensemble, jusqu'à la moisson, le bon et le mauvais grain, le père de famille en fera la sé-
paration sur l'aire. »

Et à ceux qui le pressaient de faire des-
cendre le feu du ciel sur une ville incrédule :
« Vous ne savez pas de quel esprit vous
êtes. »

L'esprit de Jésus est un esprit de paix, de miséricorde et d'amour.

Ceux qui persécutent en son nom, qui scrutent les consciences avec l'épée, qui torturent le corps pour convertir l'âme, qui font couler les pleurs au lieu de les essuyer, ceux-là n'ont pas l'esprit de Jésus.

Malheur à qui profane l'Evangile, en le rendant pour les hommes un objet de terreur! Malheur à qui écrit la bonne nouvelle sur une feuille sanglante!

Ressouvenez-vous des catacombes.

En ce temps-là, on vous traînait à l'échafaud, on vous livrait aux bêtes féroces dans l'amphithéâtre pour amuser la populace, on vous jetait par milliers au fond des mines et dans les prisons, on confisquait vos biens, on vous foulait aux pieds comme la boue des places publiques; vous n'aviez, pour célébrer vos mystères proscrits, d'autre asile que les entrailles de la terre.

Que disaient vos persécuteurs? Ils disaient que vous propagiez des doctrines dangereuses; que votre secte, ainsi qu'ils l'appelaient, troublait l'ordre et la paix publique; que, violateurs des lois et ennemis du genre humain, vous ébranliez l'empire en ébranlant la religion de l'empire.

Et dans cette détresse, sous cette oppression, que demandiez-vous? la liberté. Vous réclamiez le droit de n'obéir qu'à Dieu, de le servir et de l'adorer selon votre conscience.

Lorsque, même en se trompant dans leur foi, d'autres réclameront de vous ce droit sacré, respectez-le en eux, comme vous demandiez que les païens le respectassent en vous.

Respectez-le pour ne pas flétrir la mémoire de vos confesseurs, et ne pas souiller les cendres de vos martyrs.

La persécution a deux tranchants : elle blesse à droite et à gauche.

Si vous ne vous souvenez plus des enseignements du Christ, ressouvenez-vous des catacombes.

XXIX

Gardez soigneusement en vos âmes la justice et la charité; elles seront votre sauvegarde, elles banniront d'au milieu de vous les discordes et les dissensions.

Ce qui produit les discordes et les dissensions, ce qui engendre les procès qui scandalisent les gens de bien et ruinent les familles, c'est premièrement l'intérêt sordide, la passion insatiable d'acquérir et de posséder.

Combattez donc sans cesse en vous cette passion que Satan y excite sans cesse.

Qu'emporterez-vous de toutes les richesses que vous aurez amassées par de bonnes et de méchantes voies? Peu suffit à l'homme, qui vit si peu de temps.

Une autre cause de dissensions interminables, ce sont les mauvaises lois.

Or il n'y a guère que de mauvaises lois dans le monde.

Quelle autre loi faut-il à celui qui a la loi du Christ?

La loi du Christ est claire, elle est sainte, et il n'est personne, s'il a cette loi dans le cœur, qui ne se juge lui-même aisément.

Écoutez ce qui m'a été dit :

« Les enfants du Christ, s'ils ont entre eux quelques différends, ne doivent pas les porter devant les tribunaux de ceux qui oppriment la terre et qui la corrompent.

» N'y a-t-il pas des vieillards parmi eux? et ces vieillards ne sont-ils pas leurs pères, connaissant la justice et l'aimant?

» Qu'ils aillent donc trouver un de ces

vieillards, et qu'ils lui disent : Mon père,
nous n'avons pu nous accorder, moi et mon
frère que voilà ; nous vous en prions, jugez
entre nous.

» Et le vieillard écoutera les paroles de
l'un et de l'autre, et il jugera entre eux, et
ayant jugé, il les bénira.

» Et s'ils se soumettent à ce jugement, la
bénédiction demeurera sur eux : sinon, elle
reviendra au vieillard, qui aura jugé selon
la justice.

» Il n'est rien que ne puissent ceux qui
sont unis, soit pour le bien, soit pour le
mal. Le jour donc où vous serez unis sera
le jour de votre délivrance.

» Lorsque les enfants d'Israël étaient opprimés dans la terre d'Egypte, si chacun
d'eux, oubliant ses frères, avait voulu en
sortir, pas un n'aurait échappé ; ils sorti-
rent tous ensemble, et nul ne les arrêta.

» Vous êtes aussi dans la terre d'Egypte,
courbés sous le sceptre de Pharaon et sous
le fouet de ses exacteurs.

» Criez vers le Seigneur, votre Dieu, et
puis levez-vous et sortez ensemble. »

XXX

Quand la charité se fut refroidie et que l'injustice eut commencé à croître sur la terre, Dieu dit à un de ses serviteurs : « Va de ma part trouver ce peuple, et annonce-lui ce que tu verras ; et ce que tu verras arrivera certainement, à moins que, quittant ses voies mauvaises, il ne se repente et ne revienne à moi. »

Et le serviteur de Dieu obéit à son commandement, et s'étant revêtu d'un sac, et ayant répandu de la cendre sur sa tête, il s'en alla vers cette multitude, et, élevant la voix, il disait :

« Pourquoi irritez-vous le Seigneur pour votre perte ? Quittez vos voies mauvaises : repentez-vous et revenez à lui. »

Et les uns, écoutant ses paroles, en étaient touchés, et les autres s'en moquaient, disant : « Qui est celui-ci, et que vient-il nous dire ? Qui l'a chargé de nous reprendre ? C'est un insensé.

Et voilà l'esprit de Dieu saisit le prophète, et le temps s'ouvrit ses yeux, et les siècles passèrent devant lui.

Et tout à coup déchirant ses vêtements :
« Ainsi, dit-il, sera déchirée la famille d'A-
dam.

» Les hommes d'iniquité ont mesuré la
terre au cordeau : ils en ont compté les habitants, comme on compte le bétail, tête à
tête.

» Ils ont dit : « Partageons-nous cela, et
» faisons-en une monnaie à notre usage. »

» Et le partage s'est fait ; et chacun a pris
ce qui lui était échu, et la terre et ses habitants sont devenus la possession des hommes d'iniquité, et, se consultant entre eux,
ils se sont demandé : « Combien vaut notre
» possession ? » et tous ensemble, ils ont
répondu : « Trente deniers. »

» Et ils ont commencé à trafiquer entre
eux avec ces trente deniers.

» Il y a eu des achats, des ventes, des
trocs : des hommes pour la terre, de la terre
pour des hommes, et de l'or pour appoint.

» Et chacun a convoité la part de l'autre,
et ils se sont mis à s'entr'égorger pour se
dépouiller mutuellement, et, avec le sang
qui coulait, ils ont écrit sur un morceau de
papier : Droit, et sur un autre : Gloire.

» Seigneur, assez, assez !

» En voilà deux qui jettent leurs crocs de

fer sur un peuple. Chacun en emporte son lambeau.

» Le glaive a passé et repassé. Entendez-vous ces cris déchirants ? ce sont les plaintes des jeunes épouses, et les lamentations des mères.

» Deux spectres se glissent dans l'ombre ; ils parcourent les campagnes et les cités. L'un, décharné comme un squelette, ronge un débris d'animal immonde ; l'autre a sous l'aisselle une pustule noire, et les chacals le suivent en hurlant.

» Seigneur, Seigneur, votre courroux sera-t-il éternel ? Votre bras ne s'étendra-t-il jamais que pour frapper ? Epargnez les pères à cause des enfants. Laissez-vous attendrir aux pleurs de ces pauvres petites créatures qui ne savent pas encore distinguer leur main gauche de la droite.

» Le monde s'élargit ; la paix va renaître ; il y aura place pour tous,

» Malheur ! malheur ! le sang déborde : il entoure la terre comme une ceinture rouge.

» Quel est ce vieillard qui parle de justice, en tenant d'une main une coupe empoisonnée et caressant de l'autre une prostituée qui l'appelle mon père ?

» Il dit : «C'est à moi qu'appartient la

» race d'Adam. Qui sont parmi vous les plus
» forts, et je la leur distribuerai ? »

» Et ce qu'il a dit, il le fait, et de son trône,
sans se lever, il assigne à chacun sa proie.

» Et tous dévorent, dévorent ; et leur faim
va croissant, et ils se ruent les uns sur les
autres, et la chair palpite, et les os craquent
sous la dent.

» Un marché s'ouvre, on y amène les nations la corde au cou ; on les palpe, on les
pèse, on les fait courir et marcher : elles
valent tant. Ce ne sont plus le tumulte et la
confusion d'auparavant, c'est un commerce
régulier.

» Heureux les oiseaux du ciel et les animaux de la terre ! nul ne les contraint, ils
vont et viennent comme il leur semble bon.

» Qu'est-ce que ces meules qui tournent
sans cesse, et que broient-elles ?

» Fils d'Adam, ces meules sont les lois de
ceux qui vous gouvernent, et ce qu'ils
broient, c'est vous. »

Et à mesure que le prophète jetait sur
l'avenir ces lueurs sinistres, une frayeur
mystérieuse s'emparait de ceux qui l'écou-
taient.

Soudain, sa voix cessa de se faire entendre,
et il parut comme absorbé dans une pensée

profonde. Le peuple attendait en silence, la poitrine serrée et palpitante d'angoisse.

Alors le prophète : « Seigneur, vous n'avez point abandonné ce peuple dans sa misère ; vous ne l'avez pas livré pour jamais à ses oppresseurs. »

Et il prit deux rameaux, et il en détacha les feuilles, et les ayant croisés, il les lia ensemble, et il les éleva au-dessus de la multitude, disant : « Ceci sera votre salut ; vous vaincrez par ce signe. »

Et la nuit se fit, et le prophète disparut comme une ombre qui passe, et la multitude se dispersa de tous côtés dans les ténèbres.

XXXI

Lorsque, après une longue sécheresse, une pluie douce tombe sur la terre, elle boit avidement l'eau du ciel, qui la rafraîchit et la féconde.

Ainsi, les nations altérées boiront avidement la parole de Dieu, lorsqu'elle descendra sur elles comme une tiède ondée.

Et la justice avec l'amour, et la paix et la liberté germeront dans leur sein.

Et ce sera comme au temps où tous étaient frères, et l'on n'entendra plus la voix du maître ni la voix de l'esclave, les gémissements du pauvre ni les soupirs des opprimés, mais des chants d'allégresse et de bénédiction.

Les pères diront à leurs fils : « Nos premiers jours ont été troublés, pleins de larmes et d'angoisses. Maintenant le soleil se lève et se couche sur notre joie. Loué soit Dieu, qui nous a montré ces biens avant de mourir ! »

Et les mères diront à leurs filles : « Voyez nos fronts, à présent si calmes ; le chagrin, la douleur, l'inquiétude y creusèrent jadis de profonds sillons. Les vôtres sont comme, au printemps, la surface d'un lac qu'aucune brise n'agite. Loué soit Dieu qui nous a montré ces biens avant de mourir ! »

Et les jeunes hommes diront aux jeunes vierges : « Vous êtes belles comme les fleurs des champs, pures comme la rosée qui les rafraîchit, comme la lumière qui les colore. Il nous est doux de voir nos pères, il nous est doux d'être auprès de nos mères : mais quand nous vous voyons et que nous sommes près de vous, il se passe en nos âmes quelque chose qui n'a de nom qu'au ciel.

Loué soit Dieu qui nous a montré ces biens avant de mourir ! »

Et les jeunes vierges répondront : « Les fleurs se fanent, elles passent ; vient un jour où ni la rosée ne les rafraîchit, ni la lumière ne les colore plus. Il n'y a sur la terre que la vertu qui jamais ne se fane ni ne passe. Nos pères sont comme l'épi qui se remplit de grains vers l'automne, et nos mères sont comme la vigne qui se charge de fruits. Il est doux de voir nos pères : il nous est doux d'être auprès de nos mères : et les fils de nos pères et de nos mères nous sont doux aussi. Loué soit Dieu qui nous a montré ces biens avant de mourir. »

XXXII

Je voyais un hêtre monter à une prodigieuse hauteur. Du sommet presque jusqu'au bas, il étalait d'énormes branches, qui couvraient la terre alentour, de sorte qu'elle était nue ; il n'y avait pas un seul brin d'herbe. Du pied du géant partait un chêne qui, après s'être élevé de quelques pieds, se courbait, se tordait, puis s'étendait horizontalement, puis se relevait encore et se tordait de nouveau ; et enfin, on l'apercevait allongeant sa tête maigre et dépouillée sous les branches vigoureuses du hêtre, pour chercher un peu d'air et un peu de lumière.

Et je pensai en moi-même : voilà comme les petits croissent à l'ombre des grands.

Qui se rassemble autour des puissants du monde? Qui approche d'eux? ce n'est pas le pauvre; on le chasse : sa vue souillerait leurs regards. On l'éloigne avec soin de leur présence et de leur palais ; on ne le laisse par même traverser leurs jardins, ouverts à tous hormis à lui, parce que son corps usé de travail est recouvert des vêtements de l'indigence.

Qui donc se rassemble autour des puissants du monde? les riches et les flatteurs qui veulent le devenir, les femmes perdues, les ministres infâmes de leurs plaisirs secrets, les baladins, les fous qui distraient leur conscience, et les faux prophètes qui la trompent.

Qui encore? les hommes de violence et de ruse, les agents d'oppression, les durs exacteurs, tous ceux qui disent : « Livrez-nous le peuple, et nous ferons couler son or dans vos coffres et sa graisse dans vos veines. »

Là où gît le corps, les aigles s'assembleront.

Les petits oiseaux font leur nid dans l'herbe, et les oiseaux de proie sur les arbres élevés.

XXXIII

Au temps où les feuilles jaunissent, un vieillard, chargé d'un faix de ramée, revenait lentement vers sa chaumière, située sur la pente d'un vallon.

Et du côté où s'ouvrait le vallon, entre quelques arbres jetés çà et là, on voyait les rayons obliques du soleil, déjà descendu sous l'horizon, se jouer dans les nuages du couchant et les teindre de couleurs innombrables, qui peu à peu allaient s'effaçant.

Et le vieillard, arrivé à sa chaumière, son seul bien avec le petit champ qu'il cultivait auprès, laissa tomber le faix de ramée, s'assit sur un siége de bois noirci par la fumée de l'âtre, et baissa la tête sur sa poitrine dans une profonde rêverie.

Et de fois à autre sa poitrine gonflée laissait échapper un court sanglot, et d'une voix cassée, il disait :

« Je n'avais qu'un fils, ils me l'ont pris; qu'une pauvre vache, ils me l'ont prise pour l'impôt de mon champ. »

Et puis, d'une voix plus faible, il répétait : « Mon fils, mon fils ! et une larme venait mouiller ses vieilles paupières, mais elle ne pouvait couler.

Comme il était ainsi s'attristant, il entendit quelqu'un qui disait : « Mon père, que la bénédiction de Dieu soit sur vous et sur les vôtres ! »

« Les miens, dit le vieillard, je n'ai plus personne qui tienne à moi : je suis seul. »

Et, levant les yeux, il vit un pèlerin debout à la porte, appuyé sur un long bâton; et sachant que c'est Dieu qui envoie les hôtes, il lui dit :

« Que Dieu vous rende votre bénédiction. Entrez, mon fils : tout ce qu'a le pauvre est au pauvre. »

Et allumant sur le foyer son faix de ramée, il se mit à préparer le repas du voyageur.

Mais rien ne pouvait le distraire de la pensée qui l'oppressait : elle était là toujours sur son cœur.

Et le pélerin ayant connu ce qui le troublait si amèrement lui dit : « Mon père, Dieu

vous éprouve par la main des hommes. Ce
pendant, il y a des misères plus grandes
que votre misère. Ce n'est pas l'opprimé
qui souffre le plus, ce sont les oppresseurs. »

Le vieillard secoua la tête et ne répondit
point.

« Le pèlerin reprit : Ce que maintenant
vous ne croyez pas, vous le croirez bientôt. »

Et, l'ayant fait asseoir, il posa les mains
sur ses yeux ; et le vieillard tomba dans un
sommeil semblable au sommeil pesant, ténébreux, plein d'horreur, qui saisit Abra-
ham quand Dieu lui montra les malheurs
futurs de sa race.

Et il lui sembla être transporté dans un
vaste palais, près d'un lit, et à côté du lit
était une couronne, et dans ce lit un homme
qui dormait, et ce qui se passait dans cet
homme, le vieillard le voyait, ainsi que le
jour, durant la veille, on voit ce qui se
passe sous les yeux.

Et l'homme qui était là, couché sur un
lit d'or, entendait comme les cris confus
d'une multitude qui demande du pain. C'é-
tait un bruit pareil au bruit des flots qui
brisent contre le rivage pendant la tempête.
Et la tempête croissait ; et le bruit croissait ;
et l'homme qui dormait voyait les flots mon-

ter de moment en moment, et battre déjà les murs du palais, et il faisait des efforts inouïs comme pour fuir, et il ne pouvait pas, et son angoisse était extrême.

Pendant qu'il regardait avec frayeur, le vieillard fut soudain transporté dans un autre palais. Celui qui était couché là ressemblait plutôt à un cadavre qu'à un homme vivant.

Et dans son sommeil, il voyait devant lui des têtes coupées; et, ouvrant la bouche, ces têtes disaient :

« Nous nous étions dévouées pour toi, et voilà le prix que nous avons reçu. Dors, dors, nous ne dormons pas, nous. Nous veillons l'heure de la vengeance : elle est proche. »

Et le sang se figeait dans les veines de l'homme endormi. Et il se disait : « Si au moins je pouvais laisser ma couronne à cet enfant; » et ses yeux hagards se tournaient vers un berceau sur lequel on avait posé un bandeau de reine.

Mais, lorsqu'il commençait à se calmer et à se consoler un peu dans cette pensée, un autre homme, semblable à lui par les traits, saisit l'enfant et l'écrasa contre la muraille.

PAROLES D'UN CROYANT.

4

Et le vieillard se sentit défaillir d'horreur.

Et il fut transporté au même instant en deux lieux divers ; et, quoique séparés, ces lieux, pourlui, ne formaient qu'un lieu.

Et il vit deux hommes, qu'à l'âge près, on aurait pu prendre pour le même homme : et il comprit qu'ils avaient été nourris dans le même sein.

Et leur sommeil était celui du condamné qui attend le supplice à son réveil. Des ombres enveloppées d'un linceul sanglant passaient devant eux, et chacune d'elles, en passant, les touchait, et leurs membres se retiraient et se contractaient comme pour se dérober à cet attouchement de la mort.

Puis ils se regardaient l'un l'autre avec une espèce de sourire affreux, et leur œil s'enflammait, et leur main s'agitait convulsivement sur un manche de poignard.

Et le vieillard vit ensuite un homme blême et maigre. Les soupçons se glissaient en foule près de son lit, distillaient leur venin sur sa face, murmuraient à voix basse des paroles sinistres, et enfonçaient lentement leurs ongles dans son crâne mouillé d'une sueur froide. Et une forme humaine, pâle comme un suaire, s'approcha de lui, et, sans parler. lui montra du doigt une

marque livide qu'elle avait autour du cou.
Et dans le lit où il gisait, les genoux de
l'homme blême se choquèrent, et sa bouche
s'entr'ouvrit de terreur, et ses yeux se dila·
tèrent horriblement.

Et le vieillard, transi d'effroi, fut trans·
porté dans un palais plus grand.

Et celui qui dormait là ne respirait qu'a-
vec une peine extrême. Un spectre noir
était accroupi sur sa poitrine et le regardait
en ricanant. Et il lui parlait à l'oreille, et
ses paroles devenaient des visions dans
l'âme de l'homme qu'il pressait et foulait
de ses os pointus.

Et celui-ci se voyait entouré d'une innombrable multitude qui poussait des cris
effrayants :

« Tu nous as promis la liberté, et tu nous
as donné l'esclavage.

» Tu nous as promis de régner par les lois,
et les lois ne sont que tes caprices.

» Tu nous as promis d'épargner le pain
de nos femmes et de nos enfants, et tu as
doublé notre misère pour grossir tes tré-
sors.

» Tu nous as promis de la gloire, et tu nous
as valu le mépris des peuples et leur juste
haine.

« Descends, descends, et va dormir avec les parjures et les tyrans. »

Et il se sentait précipité, traîné par cette multitude, et il s'accrochait à des sacs d'or, et les sacs crevaient, et l'or s'échappait et tombait à terre.

Et il lui semblait qu'il errait pauvre dans le monde, et qu'ayant soif, il demandait à boire par charité, et qu'on lui présentait un verre plein de boue, et que tous le fuyaient, tous le maudissaient, parce qu'il était marqué au front du signe des traîtres.

Et le vieillard détourna de lui les yeux avec dégoût.

Et dans deux autres palais, il vit deux autres hommes rêvant de supplices. « Car, disaient-ils, où trouverons-nous quelque sûreté? Le sol est miné sous nos pieds ; les nations nous abhorrent ; les petits enfants même, dans leurs prières, demandent à Dieu, soir et matin, que la terre soit délivrée de nous. »

Et l'un condamnait à la *prison dure*, c'est-à-dire à toutes les tortures du corps et de l'âme, et à la mort de la faim des malheureux qu'il soupçonnait avoir prononcé le mot de patrie ; et l'autre, après avoir confisqué leurs biens, ordonnait de jeter au fond d'un cachot deux jeunes filles coupables d'avoir soigné leurs frères blessés dans un hôpital.

Et comme ils se fatiguaient à ce travail de bourreau, des messagers leur arrivèrent.

Et l'un des messagers disait : « Vos provinces du Midi ont brisé leurs chaînes, et avec les tronçons elles ont chassé vos gouverneurs et vos soldats. »

Et l'autre : « Vos aigles ont été déchirées sur les bords du large fleuve : ses flots en emportent les débris. »

En les deux rois se tordaient sur leur couche.

Et le vieillard en vit un troisième. Il avait chassé Dieu de son cœur, et dans son cœur, à la place de Dieu, était un ver qui le rongeait sans relâche ; et quand l'angoisse revenait plus vive, il balbutiait de sourds blasphèmes, et ses lèvres se couvraient d'une écume rougeâtre.

Et il lui semblait être dans une plaine immense, seul avec le ver qui ne le quittait point. Et cette plaine était un cimetière, le cimetière d'un peuple égorgé.

Et tout à coup voilà que la terre s'émeut ; les tombes s'ouvrent, les morts se lèvent et s'avancent en foule : et il ne pouvait ni faire un mouvement, ni pousser un cri.

Et tous ces morts, hommes, femmes, enfants, le regardaient en silence : et après un peu de temps, dans le même silence, ils prirent les pierres des tombes et les posèrent autour de lui.

Il en eut d'abord jusqu'aux genoux, puis jusqu'à la poitrine, puis jusqu'à la bouche. et il tendait avec effort les muscles de son cou pour respirer une fois de plus ; et l'édifice montait toujours, et lorsqu'il fut achevé, le faîte se perdait dans une nuée sombre.

Les forces du vieillard commençaient à l'abandonner ; son âme regorgeait d'épouvante.

Et voilà qu'ayant traversé plusieurs salles désertes, dans une petite chambre, sur un lit qu'éclairait à peine une lampe pâle, il aperçoit un homme usé par les ans.

Autour du lit étaient sept peurs, quatre d'un côté, trois de l'autre.

Et l'une des peurs posa la main sur le cœur de l'homme âgé, et il tressaillit, et ses membres tremblèrent : et la main resta là tant qu'elle sentit un peu de chaleur.

Et après celle-ci une autre plus froide fit ce qu'avait fait la première, et toutes posèrent la main sur le cœur de l'homme âgé.

Et il se passa en lui des choses qu'on ne peut dévoiler.

Il voyait dans le lointain, vers le pôle, un fantôme horrible qui lui disait : « Donne-toi à moi, et je te réchaufferai de mon haleine. »

Et de ses doigts glacés, l'homme de peur écrivait un pacte, je ne sais quel pacte, mais chaque mot en était comme un râle d'agonie.

Et ce fut la dernière vision. Et le vieillard, s'étant réveillé, rendit grâces à la Providence de la part qu'elle lui avait faite dans les douleurs de la vie.

Et le pèlerin lui dit : « Espérez et priez ; la prière obtient tout. Votre fils n'est par perdu ; vos yeux le reverront avant de se fermer. Attendez en paix les jours de Dieu. »

Et le vieillard attendit en paix.

XXXIV

Les maux qui affligent la terre ne viennent pas de Dieu, car Dieu est amour, et tout ce qu'il a fait est bon ; ils viennent de Satan, que Dieu a maudit, et des hommes qui ont Satan pour père et pour maître.

Or, les fils de Satan sont nombreux dans le monde. A mesure qu'ils passent, Dieu écrit leurs noms dans un livre scellé, qui sera ouvert et lu devant tous à la fin des temps.

Il y a des hommes qui n'aiment qu'eux-mêmes ; et ceux-ci sont des hommes de haine ; car n'aimer que soi, c'est haïr les autres.

Il y a les hommes d'orgueil, qui ne peuvent souffrir d'égaux, qui veulent toujours commander et dominer.

Il y a les hommes de convoitise, qui demandent toujours de l'or, des honneurs, des jouissances, et ne sont jamais rassasiés.

Il y a les hommes de rapine, qui épient le faible pour le dépouiller de force ou de ruse, et qui rôdent la nuit autour de la demeure de la veuve et de l'orphelin.

Il y a les hommes de meurtre, qui n'ont que des pensées violentes, qui disent : « Vous êtes nos frères, » et tuent ceux qu'ils appellent leurs frères, sitôt qu'ils les soupçonnent d'être opposés à leurs desseins, et écrivent des lois avec leur sang.

Il y a les hommes de peur, qui tremblent devant le méchant et lui baisent la main, espérant par là se dérober à son oppression, et qui lorsqu'un innocent est attaqué sur la place publique, se hâtent de rentrer dans leur maison, et d'en fermer la porte.

Tous ces hommes ont détruit la paix, la sûreté et la liberté sur la terre.

Vous ne retouverez donc la liberté, la sûreté, la paix, qu'en combattant contre eux sans relâche.

La cité qu'ils ont faite est la cité de Satan; vous avez à rebâtir la cité de Dieu.

Dans la cité de Dieu, chacun aime ses frères comme soi-même, et c'est pourquoi nul n'est délaissé, nul n'y souffre, s'il est un remède à ses souffrances.

Dans la cité de Dieu, tous sont égaux, aucun ne domine, car la justice seule y règne avec l'amour.

Dans la cité de Dieu, chacun possède sans crainte ce qui est à lui, et ne désire rien de plus, parce que ce qui est à chacun est à tous, et que tous possèdent Dieu, qui renferme tous les biens.

Dans la cité de Dieu, nul ne sacrifie les autres à soi, mais chacun est prêt à se sacrifier pour les autres.

Dans la cité de Dieu, s'il se glisse un méchant, tous se séparent de lui, et tous s'unissent pour le contenir ou pour le chasser : car le méchant est l'ennemi de chacun, et l'ennemi de chacun est l'ennemi de tous.

Quand vous aurez rebâti la cité de Dieu la terre refleurira, et les peuples refleuriront, parce que vous aurez vaincu les fils de Satan qui oppriment les peuples et désolent la terre, les hommes d'orgueil, les hommes de rapine, les hommes de meurtre et les hommes de peur.

XXXV

Si les oppresseurs des nations étaient abandonnés à eux-mêmes, sans appui, sans secours étranger, que pourraient-ils contre elles ?

Si, pour les tenir en servitude, ils n'avaient d'aide que l'aide de ceux à qui la servitude profite, que serait-ce que ce petit nombre contre des peuples entiers ?

Et c'est la sagesse de Dieu qui a ainsi disposé les choses, afin que les hommes puissent toujours résister à la tyrannie, et la tyrannie serait impossible si les hommes comprenaient la sagesse de Dieu.

Mais ayant tourné leur cœur à d'autres pensées, les dominateurs du monde ont opposé à la sagesse de Dieu, que les hommes ne comprenaient plus, la sagesse du prince de ce monde, de Satan.

Or Satan, qui est le roi des oppresseurs des nations, leur suggéra, pour affermir leur tyrannie, une ruse infernale.

Il leur dit : « Voici ce qu'il faut faire. Prenez dans chaque famille les jeunes gens les plus robustes, et donnez-leur des armes, et exercez-les à les manier; ils combattront pour vous contre leurs pères et leurs frères ; car je leur persuaderai que c'est une action glorieuse.

» Je leur ferai deux idoles, qui s'appelleront Honneur et Fidélité, et une loi qui s'appellera Obéissance passive.

» Et ils adoreront ces idoles, et ils se soumettront à cette loi aveuglément, parce que je séduirai leur esprit, et vous n'aurez plus rien à craindre. »

Et les oppresseurs des nations firent ce que Satan leur avait dit, et Satan aussi accomplit ce qu'il avait promis aux oppresseurs des nations.

Et l'on vit les enfants du peuple lever le bras contre le peuple, égorger leurs frères, enchaîner leurs pères, et oublier jusqu'aux entrailles qui les avaient portés.

Quand on leur disait : « Au nom de tout ce qui est sacré, pensez à l'injustice, à l'atrocité de ce qu'on vous ordonne, » ils répondaient : « Nous ne pensons point, nous obéissons. »

Et quand on leur disait : « N'y a-t-il plus en vous aucun amour pour vos pères, vos mères, vos frères et vos sœurs ? » ils répondaient : « Nous n'aimons point, nous obéissons. »

Et quand on leur montrait les autels de Dieu qui a créé l'homme et du Christ qui l'a sauvé, ils s'écriaient : « Ce sont là les Dieux de la patrie ; nos Dieux, à nous, sont les Dieux de ses maîtres, la Fidélité et l'Honneur. »

Je vous le dis en vérité, depuis la séduction de la première femme par le Serpent, il n'y a point eu de séduction plus effrayante que celle-là.

Mais elle touche à sa fin. Lorsque l'esprit mauvais fascine des âmes droites, ce n'est que pour un temps. Elles passent comme à travers un rêve affreux, et au réveil elles bénissent Dieu qui les a délivrées de ce tourment.

Encore quelques jours, et ceux qui combattaient pour les oppresseurs combattront pour les opprimés; ceux qui combattaient pour retenir dans les fers leurs pères, leurs mères, leurs frères et leurs sœurs combattront pour les affranchir.

Et Satan fuira dans ses cavernes avec les dominateurs des nations.

XXXVI

Jeune soldat, où vas-tu ?

Je vais combattre pour Dieu et les autels de la patrie.

Que tes armes soient bénies, jeune soldat !
Jeune soldat, où vas-tu ?

Je vais combattre pour la justice, pour la sainte cause des peuples, pour les droits sacrés du genre humain.

Que tes armes soient bénies, jeune soldat !
Jeune soldat, où vas-tu ?

Je vais combattre pour délivrer mes frères de l'oppression, pour briser leurs chaînes et les chaînes du monde.

Que tes armes soient bénies, jeune soldat !
Jeune soldat, où vas-tu ?

Je vais combattre contre les hommes iniques pour ceux qu'ils renversent et foulent aux pieds, contre les maîtres pour les esclaves, contre les tyrans pour la liberté.

Que tes armes soient bénies, jeune soldat !
Jeune soldat, où vas-tu ?

Je vais combattre pour que tous ne soient plus la proie de quelques-uns, pour relever les têtes courbées et soutenir les genoux qui fléchissent.

Que tes armes soient bénies, jeune soldat !
Jeune soldat, où vas-tu ?

Je vais combattre pour que les pères ne maudissent plus le jour où il leur fut dit : « Un fils vous est né ; » ni les mères celui où elles le serrèrent pour la première fois sur sur leur sein.

Que tes armes soient bénies, jeune soldat
Jeune soldat, où vas-tu ?

Je vais combattre pour que le frère ne s'attriste plus en voyant sa sœur se faner comme l'herbe que la terre refuse de nourrir ; pour que la sœur ne regarde plus en pleurant son frère qui part et ne reviendra point.

Que tes armes soient bénies, jeune soldat !
Jeune soldat, où vas-tu ?

Je vais combattre pour que chacun mange en paix le fruit de son travail ; pour sécher les larmes des petits enfants qui demandent du pain, et on leur répond : « Il n'y a plus de pain : on nous a pris ce qui en restait. »

Que tes armes soient bénies, jeune soldat !

Jeune soldat, où vas-tu ?

Je vais combattre pour le pauvre, pour qu'il ne soit pas à jamais dépouillé de sa part dans l'héritage commun.

Que tes armes soient bénies, jeune soldat !

Jeune soldat, où vas-tu ?

Je vais combattre pour chasser la faim des chaumières, pour ramener dans les familles l'abondance, la sécurité et la joie.

Que tes armes soient bénies, jeune soldat !

Jeune soldat, où vas-tu ?

Je vais combattre pour rendre à ceux que les oppresseurs ont jetés au fond des cachots l'air qui manque à leurs poitrines et la lumière que cherchent leurs yeux.

Que tes armes soient bénies, jeune soldat !

Jeune soldat, où vas-tu ?

Je vais combattre pour renverser les barrières qui séparent les peuples et les empêchent de s'embrasser comme les fils du même père, destinés à vivre unis dans un même amour.

Que tes armes soient bénies, jeune soldat !

Jeune soldat, où vas-tu ?

Je vais combattre pour affranchir de la

tyrannie de l'homme la pensée, la parole, la conscience.

Que tes armes soient bénies, jeune soldat!
Jeune soldat, où vas-tu?

Je vais combattre pour les lois éternelles descendues d'en haut, pour la justice qui protége les droits, pour la charité qui adoucit les maux inévitables.

Que tes armes soient bénies, jeune soldat!
Jeune soldat, où vas-tu?

Je vais combattre pour que tous aient au ciel un Dieu, et une patrie sur la terre.

Que tes armes soient bénies, sept fois bénies, jeune soldat!

XXXVII

Pourquoi vous fatiguez-vous vainement dans votre misère? Votre désir est bon, mais vous ne savez pas comment il doit s'accomplir.

Retenez bien cette maxime : Celui-là seul peut rendre la vie, qui a donné la vie.

Vous ne réussirez à rien sans Dieu.

Vous vous tournez et retournez sur votre lit d'angoisse : quel soulagement avez-vous trouvé?

Vous avez abattu quelques tyrans, et il en est venu d'autres pires que les premiers.

Vous avez aboli des lois de servitude, et vous avez eu des lois de sang, et après encore des lois de servitude.

Défiez-vous donc des hommes qui se mettent entre Dieu et vous, pour que leur ombre vous le cache. Ces hommes-là ont de mauvais desseins.

Car c'est de Dieu que vient la force qui délivre, parce que c'est de Dieu que vient l'amour qui unit.

Que peut faire pour vous un homme qui n'a que sa pensée pour règle, et pour loi que sa volonté?

Même quand il est de bonne foi et ne souhaite que le bien, il faut qu'il vous donne sa volonté pour loi et sa pensée pour règle.

Or, tous les tyrans ne font que cela.

Ce n'est pas la peine de bouleverser tout et de s'exposer à tout, pour substituer à une tyrannie une autre tyrannie.

La liberté ne consiste pas en ce que ce soit celui-ci qui domine au lieu de celui-là; mais en ce qu'aucun ne domine.

Or, où Dieu ne règne pas, il est nécessaire qu'un homme domine, et cela s'est vu toujours.

Le règne de Dieu, je vous le dis encore, c'est le règne de la justice dans les esprits et de la charité dans les cœurs : et il a sur la terre son fondement dans la foi en Dieu et la foi au Christ, qui a promulgué la loi de Dieu, la loi de charité et la loi de justice.

La loi de justice enseigne que tous sont égaux devant leur père, qui est Dieu, et devant leur seul maître, qui est le Christ.

La loi de charité leur apprend à s'aimer et à s'entr'aider comme les fils d'un même père et les disciples d'un même maître.

Et alors ils sont libres, parce que nul ne commande à autrui, s'il n'a été librement choisi de tous pour commander ; et on ne peut leur ravir leur liberté, parce qu'ils sont tous unis pour la défendre.

Mais ceux qui vous disent : « Avant nous, on n'a pas su ce que c'est que la justice : la justice ne vient pas de Dieu, elle vient de l'homme : fiez-vous à nous, et nous vous en ferons une qui vous satisfera. »

Ceux-là vous trompent, ou, s'ils vous promettent sincèrement la liberté, ils se trompent eux-mêmes.

Car ils vous demandent de les reconnaître pour maîtres, et ainsi votre liberté ne

serait que l'obéissance à ces nouveaux maîtres.

Répondez-leur que votre maître est le
Christ, que vous n'en voulez point d'autre,
et le Christ vous affranchira.

XXXVIII

Vous avez besoin de beaucoup de pa-
tience et d'un courage qui ne se lasse point :
car vous ne vaincrez pas en un jour.

La liberté est le pain que les peuples
doivent gagner à la sueur de leur front.

Plusieurs commencent avec ardeur, et
puis ils se rebutent avant d'être arrivés au
temps de la moisson.

Ils ressemblent aux hommes mous et lâches qui, ne pouvant supporter le travail
d'arracher de leurs champs les mauvaises
herbes à mesure qu'elles croissent, sèment
et ne recueillent point, parce qu'ils ont
laissé étouffer la bonne semence.

Je vous le dis, il y a toujours une grande
famine dans ce pays-là.

Ils ressemblent encore aux hommes in-
sensés qui, ayant élevé jusqu'au toit une
maison pour s'y loger, négligent de la cou-

vrir parce qu'ils craignent un peu de fatigue de plus.

Les vents et les pluies viennent, et la maison s'écroule, et ceux qui l'avaient bâtie sont tout à coup ensevelis sous ses ruines.

Quand même vos espérances auraient été trompées non-seulement sept fois, mais septante fois sept fois, ne perdez jamais l'espérance.

Lorsqu'on a foi en elle, la cause juste triomphe toujours, et celui-là se sauve qui persévère jusqu'à la fin.

Ne dites pas : c'est souffrir beaucoup pour des biens qui ne viendront que tard.

Si ces biens viennent tard, si vous n'en jouissez que peu de temps, ou que même il ne vous soit pas donné d'en jouir du tout, vos enfants en jouiront, et les enfants de vos enfants.

Ils n'auront que ce que vous leur laisserez : voyez donc si vous voulez leur laisser des fers et des verges, et la faim pour héritage.

Celui qui se demande ce que vaut la justice profane en son cœur la justice ; et celui qui suppute ce que coûte la liberté renonce en son cœur à la liberté.

La liberté et la justice vous pèseront dans

la même balance où vous les aurez pesées.
Apprenez donc à en connaître le prix.

Il y a des peuples qui ne l'ont point connu, et jamais misère n'égala leur misère.

S'il est sur la terre quelque chose de grand, c'est la résolution ferme d'un peuple qui marche sous l'œil de Dieu, sans se lasser un moment, à la conquête des droits qu'il tient de lui ; qui ne compte ni ses blessures, ni les jours sans repos, ni les nuits sans sommeil, et qui se dit : Qu'est-ce que cela ? La justice et la liberté sont dignes de bien d'autres travaux.

Il pourra éprouver des infortunes, des revers, des trahisons, être vendu par quelque Judas. Que rien ne le décourage.

Car, je vous le dis en vérité, quand il descendrait comme le Christ dans le tombeau, comme le Christ il en sortirait le troisième jour, vainqueur de la mort, et du Prince de ce monde, et des ministres du Prince de ce monde.

XXXIX

Le laboureur porte le poids du jour, s'expose à la pluie, au soleil, aux vents, pour préparer par son travail la moisson qui remplira ses greniers à l'automne.

La justice est la moisson des peuples.

L'artisan se lève avant l'aube, allume sa petite lampe, et fatigue sans relâche pour gagner un peu de pain qui le nourrisse lui et ses enfants.

La justice est le pain des peuples.

Le marchand ne refuse aucun labeur, ne se plaint d'aucune peine ; il use son corps et oublie le sommeil, afin d'amasser des richesses.

La liberté est la richesse des peuples.

Le matelot traverse les mers, se livre aux flots et aux tempêtes, se hasarde entre les écueils, souffre le froid et le chaud, afin de s'assurer quelque repos dans ses vieux ans.

La liberté est le repos des peuples.

Le soldat se soumet aux plus dures privations, il veille et combat, et donne son sang pour ce qu'il appelle la gloire.

La liberté est la gloire des peuples.

S'il est un peuple qui estime moins la justice et la liberté que le laboureur sa moisson, l'artisan un peu de pain, le marchand les richesses, le matelot le repos et le soldat la gloire, élevez autour de ce peuple une haute muraille, afin que son haleine n'infecte pas le reste de la terre.

Quand viendra le grand jour du jugement des peuples, il lui sera dit : « Qu'as-tu fait de ton âme ? on n'en a vu ni signe ni trace. Les jouissances de la brute ont été tout pour toi. Tu as aimé la boue, va pourrir dans la boue. »

Et le peuple, au contraire, qui au-dessus des biens matériels aura placé dans son cœur les vrais biens ; qui pour les conquérir n'aura épargné aucun travail, aucune fatigue, aucun sacrifice, entendra cette parole :

« A ceux qui ont une âme, la récompense des âmes. Parce que tu as aimé plus que toutes choses la liberté et la justice, viens et possède à jamais la justice et la liberté. »

XL

Croyez-vous que le bœuf qu'on nourrit à l'étable pour l'atteler au joug, et qu'on engraisse pour la boucherie, soit plus à envier que le taureau qui cherche libre sa nourriture dans les forêts ?

Croyez-vous que le cheval qu'on selle et qu'on bride, et qui a toujours abondamment du foin dans le râtelier jouisse d'un sort préférable à celui de l'étalon qui, délivré de toute entrave, hennit et bondit dans la plaine ?

Croyez-vous que le chapon à qui l'on jette du grain dans la basse-cour soit plus heureux que le ramier qui, le matin, ne sait pas où il trouvera sa pâture de la journée ?

Croyez-vous que celui qui se promène tranquille dans un de ces parcs qu'on appelle royaumes, ait une vie plus douce que le fugitif qui, de bois en bois et de rocher en rocher, s'en va le cœur plein de l'espérance de se créer une patrie ?

Croyez-vous que le serf imbécile, assis à la table de son seigneur, en savoure plus les mets délicats que le soldat de la liberté son morceau de pain noir ?

Croyez-vous que celui qui dort, la corde au cou, sur la litière que lui a jetée son maître, ait un meilleur sommeil que celui qui, après avoir combattu pendant le jour pour ne dépendre d'aucun maître, se repose quelques heures, la nuit, sur la terre, au coin d'un champ ?

Croyez-vous que le lâche qui traîne en tout lieu la chaîne de l'esclavage soit moins chargé que l'homme de courage qui porte les fers du prisonnier ?

Croyez-vous que l'homme timide qui expire dans son lit, étouffé par l'air infect qui environne la tyrannie, ait une mort plus désirable que l'homme ferme qui, sur l'échafaud, rend à Dieu son âme libre comme il l'a reçue de lui?

Le travail est partout et la souffrance partout : seulement il y a des travaux stériles et des travaux féconds, des souffrances infâmes et des souffrances glorieuses.

XLI

Il s'en allait errant sur la terre. Que Dieu guide le pauvre exilé !

J'ai passé à travers les peuples, et ils m'ont regardé, et je les ai regardés, et nous ne nous sommes point reconnus. L'exilé partout est seul.

Lorsque je voyais, au déclin du jour, s'élever du creux d'un vallon la fumée de quelque chaumière, je me disais : Heureux celui qui retrouve le soir le foyer domestique, et s'y assied au milieu des siens. L'exilé partout est seul.

Où vont ces nuages que chasse la tempête? Elle me chasse comme eux, et qu'importe où? L'exilé partout est seul.

Ces arbres sont beaux, ces fleurs sont belles; mais ce ne sont point les fleurs ni les arbres de mon pays : ils ne me disent rien. L'exilé partout est seul.

Ce ruisseau coule mollement dans la plaine; mais son murmure n'est pas celui qu'entendit mon enfance : il ne rappelle à mon âme aucun souvenir. L'exilé partout est seul.

Ces chants sont doux, mais les tristesses et les joies qu'ils réveillent ne sont ni mes tristesses ni mes joies. L'exilé partout est seul.

On m'a demandé : « Pourquoi pleurez-vous? » Et quand je l'ai dit, nul n'a pleuré, parce qu'on ne me comprenait point. L'exilé partout est seul.

J'ai vu des vieillards entourés d'enfants, comme l'olivier de ses rejetons; mais aucun de ces vieillards ne m'appelait son fils, aucun de ces enfants ne m'appelait son frère. L'exilé partout est seul.

J'ai vu des jeunes filles sourire, d'un sourire aussi pur que la brise du matin, à celui que leur amour s'était choisi pour époux;

mais pas une ne m'a souri. L'exilé partout est seul.

J'ai vu des jeunes hommes, poitrine contre poitrine, s'étreindre comme s'ils avaient voulu de deux vies ne faire qu'une vie ; mais pas un ne m'a serré la main. L'exilé partout est seul.

Il n'y a d'amis, d'épouses, de pères et de frères que dans la patrie. L'exilé partout est seul.

Pauvre exilé ! cesse de gémir ; tous sont bannis comme toi : tous voient passer et s'évanouir pères, frères, épouses, amis.

La patrie n'est point ici-bas ; l'homme vainement l'y cherche ; ce qu'il prend pour elle n'est qu'un gîte d'une nuit.

Il s'en va errant sur la terre. Que Dieu guide le pauvre exilé !

XLII

Et la patrie me fut montrée.

Je fus ravi au-dessus de la région des ombres, et je voyais le temps les emporter d'une vitesse indicible à travers le vide, comme on voit le souffle du midi emporter les vapeurs légères qui glissent dans le lointain sur la plaine.

Et je montais, et je montais encore ; et
les réalités invisibles à l'œil de chair m'ap-
parurent, et j'entendis des sons qui
n'ont point d'écho dans ce monde de fantômes.

Et ce que j'entendais, ce que je voyais
était si vivant, mon âme le saisissait avec
une telle puissance, qu'il me semblait qu'auparavant tout ce que j'avais cru voir et entendre n'était qu'un songe vague de la nuit.

Que dirai-je donc aux enfants de la nuit,
et que peuvent-ils comprendre ? Et des hauteurs du jour éternel, ne suis-je pas aussi
retombé avec eux au sein de la nuit, dans la
région du temps et des ombres ?

Je voyais comme un océan immobile, immense, infini, et dans cet océan, trois océans :
un océan de force, un océan de lumière, un
océan de vie ; et ces trois océans, se péné-
trant l'un l'autre sans se confondre, ne formaient qu'un même océan , qu'une même
unité invisible, absolue, éternelle.

Et cette unité était Celui qui est ; et au
fond de son être, un nœud ineffable liait
entre elles trois Personnes, qui me furent
nommées, et leurs noms étaient le Père, le
Fils, l'Esprit ; et il y avait là une génération
mystérieuse, un souffle mystérieux, vivant,

fécond ; et le Père, le Fils, l'Esprit étaient Celui qui est.

Et le Père m'apparaissait comme une puissance qui, au dedans de l'Être infini, un avec elle, n'a qu'un seul acte, permanent, complet, illimité, qui est l'Être infini lui-même.

Et le Fils m'apparaissait comme une parole, permanente, complète, illimitée, qui dit ce qu'opère la puissance de Dieu, ce qu'il est, ce qu'est l'Être infini.

Et l'Esprit m'apparaissait comme l'amour, l'effusion, l'aspiration mutuelle du Père et du Fils, les animant d'une vie commune, animant d'une vie permanente complète, illimitée, l'Être infini.

Et ces trois étaient un, et ces trois étaient Dieu, et ils s'embrassaient et s'unissaient dans l'impénétrable sanctuaire de la substance une ; et cette union, cet embrassement, étaient, au sein de l'immensité, l'éternelle joie, la volupté éternelle de Celui qui est.

Et dans les profondeurs de cet infini océan de l'Être, nageait et flottait et se dilatait la création, telle qu'une île qui incessamment dilaterait ses rivages au milieu d'une mer sans limites.

Elle s'épanouissait comme une fleur qui jette ses racines dans les eaux et qui étend ses longs filets et ses corolles à la surface.

Et je voyais les êtres s'enchaîner aux êtres, et se produire et se développer dans leur variété innombrable, s'abreuvant, se nourrissant d'une séve qui jamais ne s'épuise, de la force, de la lumière et de la vie de celui qui est.

Et tout ce qui m'avait été caché jusqu'alors se dévoilait à mes regards, que n'arrêtait plus la matérielle enveloppe des essences.

Dégagé des entraves terrestres, je m'en allais de monde en monde, comme ici-bas l'esprit va d'une pensée à une pensée; et, après m'être plongé, perdu, dans ces merveilles de la puissance, de la sagesse et de l'amour, je plongeais, je me perdais dans la source même de l'amour, de la sagesse et de la puissance.

Et je sentais ce que c'est que la patrie; et je m'enivrais de lumière, et mon âme, emportée par des flots d'harmonie, s'endormait sur les ondes célestes, dans une extase inénarrable.

Et puis je voyais le Christ à la droite de

son Père, rayonnant d'une gloire immortelle.

Et je voyais aussi comme un agneau mystique immolé sur un autel ; des myriades d'anges et les hommes rachetés de son sang l'environnaient, et, chantant ses louanges, ils lui rendaient grâces dans le langage des cieux.

Et une goutte du sang de l'Agneau tombait sur la nature languissante et malade, et je la vis se transfigurer, et toutes les créatures qu'elle renferme palpitèrent d'une vie nouvelle, et toutes élevèrent la voix, et cette voix disait :

« Saint, Saint, Saint est celui qui a détruit le mal et vaincu la mort. »

Et le Fils se pencha sur le sein du Père, et l'Esprit les couvrit de son ombre, et il y eut entre eux un mystère divin, et les cieux en silence tressaillirent.

Le vol. broché, **25 c.**; relié, **45 c.**; F°, **10 c.** en sus par volume.

Nota. — Le colis postal diminue beaucoup les frais de port :
1 colis de 3 kil. peut contenir 38 vol. brochés ou 34 reliés; celui de
6 kil., 65 vol. brochés ou 55 reliés.

Adresser les demandes affranchies à M. L. PFLUGER, éditeur,
passage Montesquieu, r. Montesquieu, près le Palais-Royal, Paris.

Dictionnaire de la Langue française usuelle, de 416 pages
Prix, cartonné, 1 fr.; franco, 1 fr. 20.

www.ingramcontent.com/pod-product-compliance
Lightning Source LLC
Chambersburg PA
CBHW051730090426
42738CB00010B/2179